DON BOSCO

Martina Roth

Das Rhythmik Buch für Erzieherinnen

Grundlagen und Spielideen für Ausbildung und Praxis

DON BOSCO

Gerne nehmen wir Ihre Anregungen, Wünsche, Kritik oder Fragen entgegen:
Don Bosco Medien GmbH, Sieboldstraße 11, 81669 München
anregungen@donbosco-medien.de
Servicetelefon (0 89) 4 80 08-3 41

Bibliografische Information der Deutschen Nationalbibliothek
Die Deutsche Nationalbibliothek verzeichnet diese Publikation in der Deutschen Nationalbibliografie; detaillierte bibliografische Daten sind im Internet über http://dnb.d-nb.de abrufbar.

1. Auflage 2014 / ISBN 978-3-7698-2095-9

www.donbosco-medien.de
Umschlag: Manfred Lehner, BlueCat Design
Umschlagfotos: Fotolia
Layout und Grafik: ReclameBüro, München
Fotos: Jan Karres, Fototechnik: Claudius Moosdorf
Notensatz: Nikolaus Veeser, Schallstadt
Satz: Don Bosco Medien GmbH, München
Produktion: Don Bosco Druck & Design, Ensdorf

Gedruckt auf umweltfreundlichem Papier

Inhalt

Vorwort

Wie alles begann ...

Dieses Buch hat vor einigen Jahren ursprünglich meine Mutter Helga verfasst.* Und das war gut so! Dann wurde es älter, es bekam kleine charmante Fältchen und Runzeln. Die Frage stellte sich, was nun damit geschehen sollte. Eine neue Reiseleiterin für die „Entdeckungsreise Rhythmik" musste her, da Helga leider jung verstorben war. So machte ich mich also auf den Weg; die Tochter, die schon als Kind selbstverständlich mit rhythmisch-kreativen Impulsen aufgewachsen ist und die, wie könnte es anders sein, einen ganz ähnlichen Beruf gewählt hat.

Die Falten gestrafft, ein neues Kleid, der Stoff geschneidert aus Helgas großem Erfahrungsschatz, designed mit einem zeitgemäßeren Schnitt, kombiniert mit einer kleinen Verjüngungskur durch aktuelle Gedanken aus meiner eigenen rhythmischen Arbeit mit jungen Erzieherinnen und Erziehern, erstrahlt es nun in neuem Glanze.

„Alte" Wege habe ich bewusst mit der traditionellen männlichen Anrede im Buch eingeschlagen, wenngleich die Formulierung im Titel den Frauenüberschuss in diesem Berufszweig deutlich macht. Ein höherer männlicher Erzieheranteil wäre für die Kinder unserer Zeit selbstredend eine wertvolle Bereicherung. Fühlen Sie Sich also bitte gleichberechtigt angesprochen.

Was Sie in diesem Buch lesen können ...

Der rhythmisch-kreative Ansatz kann für unser Leben allgemein wie auch für unsere Arbeit auf vielseitige Weise bereichernd sein. Dieses Buch soll (angehende) Erzieher auf ihrem Weg begleiten, soll neugierig machen und Impulse geben – ohne zum Rezeptbuch zu werden oder belehrenden Schulbuchcharakter zu haben. Aber nicht nur Erzieher in Ausbildung und Arbeitsleben, sondern auch der Mensch an sich kann durch den rhythmisch-kreativen Ansatz an Lebensqualität gewinnen.

Der rhythmisch-kreative Ansatz ist ganzheitlich angesetzt, nah am Menschen, lebendig, mit allen Sinnen arbeitend. Sein Schwerpunkt liegt in der Wahrnehmungsschulung, immer verbunden mit dem Erspüren der eigenen Person auch in Verbindung mit den Menschen um einen herum. So versteht sich von selbst, dass sich zahlreiche Berührungspunkte zu allen Bereichen des Lebens ergeben.

Mit Augenmerk auf Kreativität und Flexibilität kann die rhythmische Arbeit zu einer Basis werden, die durchlässig bleibt, wachsend und immer ein wenig variierend durch die unterschiedlichen (lehrenden und lernenden) Persönlicheiten, die sich begegnen: Offen für Neues, ohne Anspruch auf Vollkommenheit oder besondere Platzierung.

Rhythmik ist ein Ansatz, der die Freiheit und Zeit gibt, vom geplanten Ziel abweichend spontan auch einmal in eine andere Richtung zu gehen, innezuhalten, etwas einfach entstehen zu lassen, und seinen Weg stimmig und aufmerksam zu gestalten ohne die eigentliche Zielsetzung aus den Augen zu verlieren.

Rhythmik soll sensibel machen hinzuschauen und eigene Wege zu gestalten, also „das, was berührt mitzunehmen und sich zu eigen zu machen“.
Dabei wünsche ich Ihnen jetzt viel Spaß und eine erfüllende Lesezeit

Ihre Martina Roth

Have FUN

* Helga Edleditsch, Entdeckungsreise Rhythmik, Grundlagen, Modelle und Übungen für Ausbildung und Praxis, Don Bosco 1998

Kapitel 1

Rhythmik, die kreative Basis ganzheitlicher Bildung

1.1. Was ist Rhythmik?

„Der Rhythmisch-kreative Ansatz ist Unterstützung einer ganzheitlichen Persönlichkeitsbildung auf der Basis von Musik und Bewegung. Bewusste Wahrnehmung, sensomotorische Förderung, nonverbale Kommunikationsformen, das Moment des Spielerischen kennzeichnen dieses Erziehungsprinzip. Ausgangspunkt dabei ist nie die vorgegebene Norm, gleich welcher Art, sondern die individuelle Persönlichkeit im Hier und Jetzt." *(Helga Edleditsch, Identitäten. Diplomarbeit Gestaltpädagogik, München 1996)*

Definitionen zum Begriff „Rhythmus“

„Rhythmus ist Ordnung in der Bewegung.“ *(Plato)*
„Rhythmus ist ein ordnendes Lebensprinzip.“ *(Edleditsch, 1998)*
„Rhythmus ist zeitlich gegliederter Ablauf.“ *(Goodman, 1971)*
„Ein Rhythmus ist dadurch gekennzeichnet, dass zwischen den Polen eines Spannungsfeldes eine ständige Bewegung, ein Hin und Her, ein Auf und Ab besteht, wobei die eine Bewegung immer schon die andere vorbereitet und der eine Pol das Gegenstück zum anderen ist.“ *(Stangl, 1974)*

Rhythmus zeigt sich auch in den regelmäßigen Strukturen von Naturvorgängen, zum Beispiel im Rhythmus von Ebbe und Flut, von Tag und Nacht, im Rhythmus der Jahreszeiten. Unsere Atmung ist rhythmisch geordnet in Ein- und Ausatmung.
Wir verwenden den Begriff Rhythmus, um Gefühle und Befindlichkeiten auszudrücken: „Ich habe meinen Rhythmus gefunden, ... verloren“. „Das ist mein Lebensrhythmus, mein Tagesrhythmus, mein Biorhythmus ...“

ABC der Rhythmik

A

Ästhetik: *(griech.* wahrnehmen, mit allen Sinnen aufnehmen) Wissenschaft vom Schönen
Awareness (Sensory): Ganzheitliche Entfaltung des Menschen durch bewusstes Spüren. „Das Wahrnehmen sowohl der autonomen Vorgänge im Organismus, als auch das Wahrnehmen der dauernden Wechselwirkungen zwischen der Umgebung und der eigenen Person soll den Umfang dessen, was gefühlt und getan wird, erkennen und erweitern helfen.“ *(Charlotte Selver, 1901–2003)*

B

Bewegungsbegleitung: musikalisch begleiten, was ich sehe; bewegen, was ich höre
Bewusstmachen: das, was ich sehe, spüre ... zur Bewusstwerdung in Bewegung umsetzen
Bodypercussion: Klangerzeugung mit dem eigenen Körper mithilfe von Händen, Füßen, Fingern und Stimme (klatschen, patschen, schnipsen, stampfen, schnalzen ...)

C **Choreographie:** Tanzbewegungen und -haltungen werden erfunden, gestaltet, festgelegt und damit in Beziehung gesetzt zu Musik, Zeit und Raum.

D **Dialog:** Rhythmikunterricht ist immer dialogisch, nie frontal.
Dynamik: Dynamisches Geschehen ist bewegtes, sich veränderndes Geschehen.

E **Erdung:** Erden bedeutet, die Harmonie zwischen Schwerkraft und Bewegung (Haltung) herzustellen. Geerdetes Stehen ist Stehen mit gutem Bodenkontakt, bewusst von der Körpermitte gehalten.
Eutonie: Weg der körperlichen Selbsterfahrung. Eutonie will „... durch vertiefte Aufmerksamkeit und bewusste Einwirkungen ... den Spannungszustand (des) gesamten Muskel- und Nervensystems regulieren.“ *(Gerda Alexander, Kopenhagen 1978)*

F **Feudel, Elfriede (1881–1966):** Schülerin von Émile Jaques-Dalcroze, deutsche Wegbereiterin der Rhythmik. Sie entwickelte die rhythmische Gymnastik zur rhythmisch-musikalischen Erziehung weiter, da ihr vor allem der erzieherische Ansatz der Rhythmik am Herzen lag. In ihren Büchern „Durchbruch zum Rhythmischen in der Erziehung“ (1949/^{2}1965), „Rhythmisch-musikalische Erziehung“ (1956), und „Dynamische Pädagogik“ (1963/1994) vertritt sie diesen Weg, der auch noch heute für viele Rhythmiklehrer/-innen Grundlage ihrer Arbeit ist.
Form: „Form entsteht, wenn die am Material eingesetzte Kraft sich in vollkommener Ausgewogenheit zu den Gegebenheiten von Zeit und Raum befindet ...“ *(Elfriede Feudel, 1949)*

G **Ganzheitlichkeit:** Lernen in der Rhythmik ist ganzheitlich, d.h. ein Lernen über Körper, Geist und Seele, und findet als Prozessgeschehen im „handelnden Tun“ statt. Wahrnehmung der Gegebenheiten Raum, Zeit, Kraft, Form, Klang, Gruppe in Verbindung mit Bewegung, das Experimentieren und Improvisieren sind grundlegende Elemente. Diese werden durch Strukturieren und Ordnen in eine „rhythmische Gestalt“ gebracht.

Geschichte der Rhythmik: Der Gründer der Rhythmik, der Genfer Musikpädagoge Émile Jaques-Dalcroze (s. u.) entwickelte eine Methode der Musikerziehung durch Bewegung. Seine Schülerinnen Mimi Scheiblauer (s. u.), die die Rhythmik für die Heilpädagogik „entdeckte“, und Elfriede Feudel (s.o.) haben seine „rhythmische Gymnastik“ später zu einem allgemeinen pädagogischen Prinzip weiterentwickelt. Die inhaltliche Basis ist eine Wechselbeziehung von Musik und Bewegung. Im Laufe der Zeit wurde sie durch Unterrichtsinhalte wie Individualität der einzelnen Gruppenmitglieder, ihre Befindlichkeit, ihr Lerntempo, ihre Art sich auszudrücken erweitert. Amélie Hoellering (s. u.), Schülerin von Elfriede Feudel, schuf schließlich auch der Auseinandersetzung zwischen Individuum und Gruppe großen Raum. Es entwickelten sich, auch in Kombination mit anderen Fachbereichen, die unterschiedlichsten Ansätze, u.a. der rhythmisch-kreative Ansatz, der Thema dieses Buches ist.
Einen guten Überblick ermöglicht auch: Bünner, Gertrud / Röthig, Peter (Hrsg.), Grundlagen und Methoden Rhythmischer Erziehung, Stuttgart ^{4}1983
Gleichgewicht: Das Spiel mit dem Gleichgewicht gibt u.a. Aufschluss, ob Spannung und Entspannung des Körpers in einem guten Verhältnis stehen und ob sich Körper und Seele in einem ausgewogenen Zustand, in der Balance befinden.

H

Haltung: Im Rhythmikunterricht wird vor allem im Bereich der Körperbildung an einer natürlichen Haltung gearbeitet, d. h. erden, zentrieren, Förderung von Gleichgewicht und Balance, bewusste Wahrnehmung des Aufrechtseins aus der eigenen Mitte heraus.
Hoellering, Amélie (1920–1995): Rhythmiklehrerin, Psychagogin, Schülerin von Elfriede Feudel, Gründerin (1961) und langjährige Leiterin des „Rhythmikon – Institut für Rhythmische Erziehung“ in München.

I

Instrumente in der Rhythmik: Instrumente aller Arten und Beschaffenheiten (mechanische, traditionelle, elektronische ...), selbst gebaute Instrumente (Nussrasseln, Rasselbüchsen, Schwirrholz, Kokosnüsse, Nusskastagnetten, Bambusflöten, Klappern, Flaschen-, Gläserspiele, Schellen, Trommeln, Ast-Xylophone ...), Stimme, Bodypercussion (Körperinstrumente), Orff-Instrumente (s. u.)

J

Jaques-Dalcroze, Émile (1865–1950): Genfer Musikpädagoge, Begründer der rhythmisch-musikalischen Erziehung. Er entdeckte, dass musikalische Strukturen besser nachvollzogen werden können, wenn sie körperlich erlebt und sichtbar gemacht werden. Er beschrieb 1921 in seinem Buch „Rhythmus, Musik und Erziehung" die Einwirkungen und Auswirkungen der rhythmischen Bewegung auf musikalische Vorgänge und entwickelte so eine Körper- und Bewegungsschulung in Verbindung mit Musik, von ihm noch „rhythmische Gymnastik" genannt, die grundlegend war für die rhythmisch-musikalische Erziehung und die seine Schülerinnen Mimi Scheiblauer, Elfriede Feudel, Charlotte Pfeffer u.a. in die ganze Welt trugen.

K

Kaleidoskop: Fernrohrähnliches altes Spielzeug mit Spiegeln und kleinen, bunten Glassplittern im Inneren. Beim Durchschauen formieren sich durch Schütteln oder Drehen der Röhre verschiedene immer neue Muster und Bilder.
Oktoskop: Durch die Spiegelanordnung im Inneren der Röhre vervielfacht sich das Bild oder es zerlegt sich in viele Facetten.
Spektroskop: Zu sehen sind Bilder, die man direkt ansieht, optisch verändert wie beim Oktoskop.

Kantele: Saiteninstrument, in der Pädagogik (bes. Waldorfpädagogik) meist fünfsaitig, beliebig stimmbar, einfache Spieltechnik (einzelne Töne zupfen oder nach Wegdrücken der unerwünschten Töne die Akkorde streichen), finnisches Nationalinstrument.

KIB (Konzentratives Integratives Bewegungsübungsverfahren): Ein Verfahren, das vor allem mit Problemzonen des Körpers (z.B. Lendenwirbelsäule, Nacken ...) arbeitet. Das KIB ist Hilfe bei der Dynamisierung und dem Beweglichwerden des Körpers. Weitere Ansatzpunkte dieser Körperarbeit sind Gleichgewichts-, Impuls- und Spannungsübungen.

Kinästhetischer Sinn: der Muskel-Lage-Fühlsinn, die Fähigkeit, Bewegungen der Körperteile unbewusst zu kontrollieren und zu steuern

Klanggesten: alle Klänge, bei denen der Körper ohne Hilfsmittel als Instrument benutzt wird (klatschen, patschen, schnipsen ...)

Körpersprache: Durch die Körpersprache wird die Wechselbeziehung von Körper, Geist und Seele sichtbar. Zur Sprache des Körpers gehören neben der verbalen Sprache auch Mimik, Gestik, Haltung, Bewegung. „Unsere Körpersprache ist deutlicher als die Worte." *(Samy Molcho, * 1936, Pantomime)*
Kontakt: Wir lernen, wenn wir unsere Aufmerksamkeit auf etwas Bestimmtes richten. Durch diese Konzentration treten wir in Verbindung zu Menschen, Dingen und zur Natur.
Koordination: Geordnetes Zusammenspiel. In der Rhythmik begegnen wir Koordinationsübungen u.a. bei sog. „rhythmisch-metrischen Aufgaben" (z. B. die Füße gehen das Metrum, die Hände klatschen den Rhythmus der Oberstimme) oder bei Umschaltübungen (z. B. umschalten von Gehen zum Klatschen, von linker Hand zu rechter Hand etc.).
Kreativität: Kreativ sein heißt schöpferisch sein, Ideen haben, aus Vorhandenem Neues ableiten, Nicht-Vorhandenes entdecken, Althergebrachtes umgestalten. Diese Fähigkeit, sich neu formend einzubringen, ist für alle Lebens- und Altersbereiche von großer Bedeutung.
Kritik (an der Rhythmik): In seinem Buch „Rhythmik – die musikalische Bewegung" (Solingen 1990) befasst sich Prof. Reinhard Ring mit verschiedenen Kritikpunkten an der Rhythmik. Er kommt zur Schlussfolgerung: „Unser Verfahren ist so ungewöhnlich, dass wir die Kritik eben mehr brauchen (...). Nur durch Verständlichkeit und Eindeutigkeit können wir erreichen, dass die Rhythmik wieder häufig und direkt angegriffen, kritisiert, beurteilt und damit gewürdigt wird." Diese Sichtweise gibt der Kritik an der Rhythmik einen positiven Stellenwert und unterstreicht deren Bedeutung als konstruktive Anteilnahme, die der Weiterentwicklung dient.

M

Manipulation: *(lat.* Handhabung, Kunstgriff, undurchschaubare Beeinflussung) Die Grenzen des bewussten Einsatzes von Erziehungsmitteln zur Erreichung eines pädagogischen Zieles hin zur Manipulation sind oft fließend.
Metrum: gleichmäßiger Grundschlag in der Musik („Herzschlag") ohne Betonung (Zeitmaß, Taktart)
Motivation: Beweggrund, innere Bewegung auf etwas hin. „Motivation ist eine für alles Lernen unabdingbare Voraussetzung des Lernens." *(Werner Correll, * 1928, Lernpsychologe)*

N

Nonverbal: *(lat.* nicht mithilfe der Sprache) Viele Aufgabenstellungen der Rhythmik werden nonverbal ausgeführt. Die Verständigung erfolgt durch Gestik, Mimik, Körpersprache und auch durch Musik.

O

Ordnung, Ordnungsübungen: Besondere Bedeutung in der Heilpädagogik, sollen Sicherheit und Ordnung geben (s. u. „Mimi Scheiblauer“, s. auch S. 20).

Orff, Carl (1895–1982): Komponist, Musikpädagoge. Er suchte und fand sowohl in seinen Kompositionen als auch in der Musik- und Bewegungserziehung neue Formen. Mit Gunild Keetman gründete er 1961 das Orff-Institut in Salzburg und war viele Jahre dessen Leiter.

Orff-Schulwerk: von Carl Orff entwickeltes und beschriebenes musikpädagogisches Konzept zur elementaren Musikerziehung. Deren Ausgangspunkt ist die Improvisation (Körperinstrumente, elementare Instrumente) und das Zusammenspiel von Musik, Sprache und Bewegung.

Orff-Instrumente: Körperinstrumente, Stabspiele (Sopran- und Altglockenspiel, Sopran-, Alt-, Tenor- und Bassxylophon, Sopran-, Alt-, Tenor- und Bassmetallophon, Marimba, Vibraphon, Klangbausteine), Fellinstrumente (Trommel, Tamburin, Pauke, Bongo, Conga), Rhythmusinstrumente (Rassel, Holzblocktrommel, Röhrentrommel, Schellenkranz, -band, -stab, Glocken, Claves = Klangstäbe, Cymbeln), außerdem Becken, Gong, Triangel, Lotosflöte, weitere Lärm- und Effektinstrumente

Ostinato: Eine musikalische Struktur, die beständig wiederkehrt; sie kann melodisch, rhythmisch oder harmonisch sein.

P

Partitur: übersichtliche, in Notenschrift aufgezeichnete Zusammenstellung aller zu einem Musikstück gehörenden Stimmen

Pause: Pausen sind wichtige Formgestalten. Durch Innehalten können Aktionsprozesse neu erlebt, belebt und weitergeführt werden. Pausen ermöglichen Ruhe, Besinnung, Luftholen, Auftanken. Pausen in der Musik sind Gliederung und Ruhepunkt.

Pendeln: das Hin- und Herbewegen zwischen zwei Polen, das Abwägen von verschiedenen Faktoren, um zu einer Mitte, zum (rhythmischen) Ausgleich zu finden

Pentatonik: Fünftonreihe aus Ganztönen; ältestes nachgewiesenes Tonsystem, u.a. von Carl Orff für die Musikpädagogik wiederentdeckt. Sie eignet sich durch die fehlende tonale Spannung vor allem zum gemeinsamen melodischen Improvisieren.
Phrase: ein festgelegter und als solcher erkennbarer melodisch-rhythmischer Abschnitt eines musikalischen Gedankens (z. B. 8 Takte zum Bewegen)

R

Rhythmikmaterialien, -geräte: Klassische Rhythmikgeräte sind Seile, Reifen, Stäbe, Holzblöcke, Tücher, Verschränkstäbchen, Holzkugeln, Sand-, Reis-, Bohnensäckchen. Darüber hinaus werden zahlreiche weitere Geräte eingesetzt wie z. B. Schwungtuch, Fallschirm, Bänder, alle Arten von Bällen, Ballons, Pedalo, Therapielkreisel, dicke und dünne Taue, Heulschläuche,Gläser, Holzklötze, Japanbälle, Kaleidoskop/Oktoskop, Kerzen, Korkklötze, Kreisel, Kugel, Marionette, Murmeln, Papp- oder Plastikröhren, Rollen, Seifenblasen, Teppichfliesen, Tuch, Wolle, Farben, Materialien zum Verkleiden, Stoffe, Naturmaterial, wertloses Material wie Zeitungen, Dosen, Papier, Fäden, Filmrollen, Folien ...
Rhythmikmaterial soll ästhetische Qualitäten haben, ansprechend sein und durch seine Einfachheit zum Spielen und Bewegen anregen.
Rhythmikraum: Ein für die Rhythmik geeigneter Raum soll klare Dimensionen haben, nicht zu groß oder zu klein und nicht mit unnötigen Dingen vollgestellt sein. Wichtig ist ein warmer, rutschfester Boden, der sich auch zum Barfußlaufen eignet. Der Raum soll hell, freundlich und gut belüftbar sein. Oft müssen räumliche Kompromisse eingegangen werden (z. B. Klassenzimmer), die schwierigste Gegebenheit ist eine Turnhalle als Rhythmikraum.
Rollen (Gruppenrollen): Gruppenrollen können die rhythmisch-kreativen Aufgaben beeinflussen. Die spezielle Art der Spielformen ermöglicht das Aufweichen und das Sich-Lösen von alten Rollen, wenn auch vorerst oft nur im Rhythmikunterricht.

S

Scheiblauer, Mimi (1891–1968): Schweizer Rhythmiklehrerin, Schülerin von Émile Jaques-Dalcroze, entwickelte die Rhythmik zur „Heilpädagogischen Rhythmik“, die speziell das behinderte Kind als Zielgruppe hat (s. auch „Ordnungsübungen“). Dieser Ansatz der Rhythmik fand Eingang in viele pädagogische Bereiche über die Grenzen der Schweiz hinaus.

Spielfähigkeit: Der Erwachsene, der mit Kindern rhythmisch-kreativ arbeiten will, muss selbst spielfähig sein. Er darf sich nicht nur anleitend zur Seite stellen, sondern muss sich von seiner Aufgabe begeistern lassen. Das heißt nicht, dass er unter allen Umständen immer mitspielen muss, manchmal ist genaues Beobachten der Situation wichtiger.

Sprache: Die Sprache ist neben ihrer Rolle als Verständigungsmittel eigenständiges Medium in der Rhythmik. Sie wird vom Rhythmus getragen und steht damit in Verbindung mit Bewegung und Klang.

Struktur: Strukturen sind Rahmenbedingungen, die je nach Situation auch verlassen werden können. In der Rhythmik wird mit der „Freiheit innerhalb der Struktur" gearbeitet.

U Unterbrechen (Wiederaufnehmen): Besonders Mimi Scheiblauer setzt Aufgabenstellungen ein, bei denen Unterbrechen geübt werden kann. Es trainiert die Körpersteuerung, ist aber auch eine schwierige soziale Aufgabe.

Y Yin und Yang: Das Yin-Yang-Zeichen ist ein Ursymbol der Menschheit. Es zeigt die beiden Aspekte Yin und Yang (oft auch männlich und weiblich) in ihrer Verbindung durch das Ganze (Tao) zum Ganzen. Auch die Rhythmik benutzte früher dieses Symbol als Emblem, um zu zeigen, „... dass die rhythmische Erziehung die rhythmische Gestaltung der Welt anstrebt. Wegen der Gefahr der Bezichtigung des mystischen Spinnertums wurde dann jedoch auf dieses Emblem verzichtet." *(Isabelle Frohne, 1992)*

Z Zentrieren: Die Mitte suchen, sowohl die körperliche, als auch die seelisch-geistige. Fernöstliche Lehren (Zen, Buddhisus, Taoismus), aber auch westliche, sprechen vom Bewegungsansatz „aus der Mitte" heraus *(jap.* hara, Bauch). Westliche Traditionen finden die Mitte im Bereich von Lendenwirbelsäule und Kreuzbein (siehe KIB).

1.2. Wozu Rhythmik? – Ziele der rhythmisch-kreativen Erziehung

Auf die Frage nach dem Sinn der rhythmischen Erziehung ergeben sich Antworten, die so vielfältig sind wie die Rhythmik selbst.

Rhythmik ist wichtig, um

- Lernbedingungen zu schaffen, die den Menschen ganzheitlich, nicht nur „über den Kopf" beeinflussen
- Wahrnehmungsfähigkeit, Bewusstheit, Sensibilität zu steigern
- Phantasie und Ideenreichtum anzuregen und im aktiven Tun umzusetzen
- spontanes Handeln zu ermöglichen und flexibles Handeln zu erweitern
- eigene Handlungsprozesse in Gang zu setzen (handeln statt reden)
- Selbstbewusstsein und Entscheidungsfreude zu unterstützen
- Ahnung zu bekommen von absichtsfreiem und spielerischem, nicht ausschließlich zweckgerichtetem Handeln
- Raum und Zeit zum Durchatmen und Regenerieren zu geben

- Kommunikations- und Kooperationsfähigkeit zu erleben, die nicht ausschließlich auf verbaler Verständigung beruht
- Fähigkeiten wie Toleranz, Verantwortung, Rücksichtnahme, aber auch Durchsetzungsfähigkeit und Konfliktbereitschaft spielerisch zu erproben und zu erweitern
- sich des eigenen Rhythmus bewusst zu werden

In einer vorwiegend leistungsorientierten Gesellschaft bietet der rhythmisch-kreative Ansatz eine wertvolle Nische, sich im handlungsorientierten Tun („Der Weg ist das Ziel“) dem Erleben ohne Wertung widmen zu können. Rhythmik spielt in alle Bereiche des Lebens als Basiserfahrung mit hinein. Sie kann somit auch Basisarbeit für künstlerisch-ästhetische Bereiche (Musik, Tanz, Drama, Pantomime ...) bedeuten.
Amélie Hoellering (s. S. 11) verwendet das Bild vom fruchtbaren Talgrund, auf dem sich die Hügel, Berge, Gebirge der Künste erheben.

1.3. Für wen Rhythmik? – Einsatzbereiche und Altersstufen

Die Rhythmik ist grundsätzlich allen Altersstufen zugänglich.

Rhythmik im Elementarbereich bzw. Kindergarten

Am bekanntesten und verbreitetsten ist sicher der Einsatz der Rhythmik im Elementarbereich: Kindergärten, Kitas, Volkshochschulen und andere (private) Einrichtungen bieten Rhythmikstunden an bzw. arbeiten mit rhythmischen Ansätzen.
Die Rhythmik im Elementarbereich basiert auf der Spiellust und Spielfreude der Kinder, fördert ohne Druck sensomotorische, musikalische und kreative Fähigkeiten und ermöglicht über das Spiel soziales Lernen.

Rhythmik im Schulkindalter

Rhythmik in der Schule kann zum einen das Lernen durch den ganzheitlichen Ansatz unterstützen und intensivieren. Erfahrungen auf der Basis schöpferisch-kreativen Lernens können Grundlage für viele, auch schulische Lernbereiche sein. Konzentration, Koordination, Reaktion, Phantasie und Originalität, soziale Denk- und Handlungsprozesse werden durch Rhythmik unterstützt und gefördert.
Zum anderen bietet die Rhythmik den Kindern einen guten Ausgleich zu den vorwiegend kognitiven (= erkenntnismäßigen) Anforderungen des Schulalltags. Schulkinder sind bereits stark beeinflusst von den Merkmalen unserer Zivilisation, von der allumfassenden Freizeitindustrie, vom schwarz-weißen Wertungsdenken, vom „Fastfood" in allen Bereichen, von Kommunikationsformen, die statt des Menschen oft die Technik zum Partner haben. Viele sind geprägt von Naturentfremdung, geplagt von Ängsten und übersteigerten Leistungsanforderungen bei gleichzeitigem Fehlen von Geborgenheit. Rhythmik kann kein Allheilmittel gegen Zivilisationsschäden sein, aber die Einbeziehung der Rhythmik in den Schul- und Freizeitbereich kann durchaus eine sinnvolle Unterstützung erzieherischer Interventionen darstellen.

Rhythmik und Jugendliche

Jugendliche sind ein Kapitel für sich – auch in der Rhythmik. Rhythmisch-musikalisches Experimentieren und Improvisieren mit (für sie interessanten) Instrumenten (wie z.B. Steeldrums) kann vom Ausagieren der Kräfte und der Aggressionen, dem Überwinden von Hemmungen bis hin zum intensiven Kommunizieren mit Hilfe des Klanges führen.
Relevante Themen wie Wut, Trauer, Verliebtsein, Konflikte, Ängste, Scham können (nonverbal) in rhythmische Aufgabenstellungen einbezogen werden.
Die Auseinandersetzung mit Körpersprache und Körperausdruck, mit Masken und Schminkfarben etc. kann phantasievoll kreative theaterpädagogische Ansätze herausfordern. Körperarbeit, bestimmte einfache Formen von Meditation, Wahrnehmungs- und Entspannungsübungen und massageähnliche Kontaktübungen bieten bei entsprechend überlegter qualifizierter Anleitung Ruhepunkte.
Tanzformen der „rhythmischen Art", die auf eigener Gestaltung basieren, können das Bewegungsrepertoire erweitern. Eine ganzheitliche rhythmische Arbeit mit Jugendlichen erfordert das Wissen um Entwicklungsstand, Bedürfnisse und Belange von Jugendlichen.

Rhythmik in der Heilpädagogik

In der Heilpädagogik spielt die Rhythmik seit Mimi Scheiblauer eine große Rolle. Obwohl sich die Rhythmik nicht als Therapieform versteht, wirkt sie in vielen heilpädagogischen Bereichen unterstützend und fördernd, vor allem durch das Arbeitsprinzip Begreifen – Erkennen – Benennen, durch die Einbeziehung von Geräten und Materialien als Mittler, durch die Verwendung akustischer oder visueller Signale u.a.m.
Eine besondere Rolle in der heilpädagogischen Rhythmik spielen die sog. Ordnungsübungen, die Sicherheit und Orientierung geben sollen. Mimi Scheiblauer teilt sie in verschiedene Dimensionen ein: Ordnung in den Dingen, in der Gestaltung, in der Zeit, im menschlichen Zusammenleben.
Das Menschenbild der Rhythmik begreift den Menschen als individuelle Ganzheit, die Rhythmik sieht ihn andererseits aber als ein Wesen, das in soziale Strukturen eingebunden ist.

In der Heilpädagogik stellt sich die rhythmische Erziehung nicht die Frage nach Fehlendem, nach Defiziten, sondern greift die vorhandenen Fähigkeiten des Menschen auf und gestaltet mit diesen Ressourcen die rhythmischen Aufgaben. „Sie lässt die Möglichkeit zu, selbst in einfachsten Lernzielen noch jene Elementarisierung vorzunehmen, die notwendig ist, um kleinste Lernschritte zu vollziehen, ohne je die Ganzheit des Kindes unberücksichtigt zu lassen.“ *(Siegenthaler/Zihlmann, Rhythmische Erziehung, S. 83)*
Wahrnehmungerziehung als Basis des bewussten Erlebens spielt vor allem auch bei sinneseingeschränkten Behinderungsbildern eine entscheidende Rolle, um in der Gesellschaft und Umwelt besser zurechtzukommen. Auch der Beziehungsaufbau zu Menschen (und Dingen) seiner Umgebung ist eine Aufgabe, bei der die Rhythmik gut unterstützend mitwirken kann.
Es ergibt sich aus diesem Ansatz von selbst, dass die Rhythmik nicht auf die „Behandlung“ bestimmter Arten von Behinderung abzielt. Sie wendet sich (außer in Anfangssituationen bei geistig Schwerstbehinderten) auch nie an Einzelpersonen, sondern stellt alle Aufgaben in den Zusammenhang sozialer Strukturen. Gerade für Menschen mit körperlichen, geistigen oder seelischen Defiziten ist das spielerische Erfahren der eigenen Person, das Erleben des eigenen Rhythmus, des sozialen Raumes von Dingen von grundlegender Bedeutung.

Rhythmik in der Heimpädagogik

Heimerziehung will und soll Kinder und Jugendliche, wenn es ihnen an Grundvoraussetzungen für eine gesunde Entwicklung in der Familie mangelt oder wenn diese ganz fehlen, bestmöglich stützen und fördern. Heimerziehung bedeutet aber auch, immer in einen Gruppenprozess eingegliedert zu sein, dem Individualität oft untergeordnet werden muss.
Die Rhythmik in der Heimpädagogik will die positiven individuellen, sozialen und kommunikativen Voraussetzungen der Kinder und Jugendlichen unterstützen und stärken. Sensomotorische Erfahrungen ermöglichen die Steigerung von Sensibilität, musisch-kreatives Gestalten bietet (notwendige) Erfolgserlebnisse.

Rhythmik und Erwachsene

Viele Erwachsene wissen wenig von der Rhythmik. „Arbeit“ füllt einen großen Teil der Erwachsenenwelt aus. Spiel, schlimmer noch, wertungs- und wettbewerbsfreies Spiel gehört für die meisten Erwachsenen in die frühe Kindheit verwiesen, selbst im Vorschulalter boomen schon die „Lernspiele“.
Der Zusammenhang von Spiel – Kreativität – Intelligenz – Leistung kann in der Rhythmik auch für Erwachsene erfahrbar werden. Die Rhythmik möchte Erwachsenen Hilfestellung zum Regenerieren und zur Stressbewältigung anbieten, zweckfreie Spielformen, Spaß und Freude an ästhetisch-kreativem Tun vermitteln. Ganz nebenbei lernen Erwachsene sich selbst ein Stück besser kennen und erfahren eine Vielzahl weiterer Möglichkeiten im Ausdruck und im Miteinander.

Rhythmik in der Erzieher/-innenausbildung
Selbsterfahrung und ganzheitliches Erleben sind grundlegende Ansätze rhythmisch-kreativer Arbeit in der Erzieher/-innenausbildung. Die jungen Menschen, die sich entschließen, „Erziehen“ zu ihrem Beruf zu machen, haben ihre Entwicklungsphasen als Kinder und als Jugendliche durchlaufen. Sie sollten, geprägt von erzieherischer Einwirkung und

eigenen Erfahrungen, auf dem Weg zu einer „gesunden, geordneten Persönlichkeit" *(Charlotte Bühler)*, zu einem „funktionierenden Ganzen" *(Erik H. Erikson)* sein.
(Auch) im Rhythmikunterricht erhalten die Studierenden die Möglichkeit, sich auf weiterführende Persönlichkeitsbildung einzulassen.
Die eigenen Erfahrungen mit der Rhythmik zuzulassen, daraus zu lernen und diese Erkenntnisse in den pädagogischen Alltag – theoretisch und praktisch – mit einzubeziehen, ist ein wichtiger Aspekt des Rhythmikunterrichts in der Erzieher/-innenausbildung. Rhythmik möchte die Zeit geben, eigene Prozesse ins Laufen zu bringen und daran zu wachsen.
Bedauerlicherweise ist Rhythmik eines der Fächer mit sehr geringer Stundenzahl. Dies mag damit zusammenhängen, dass – anders als es das Schulsystem vorsieht – Fähigkeiten des Sensibilisierens, Kommunizierens, Wahrnehmens kaum abgeprüft werden können (und sollten).

Rhythmik und Senioren

Oft spüren ältere Menschen vorherrschend das Erleben ihrer zunehmenden Defizite, bedingt durch das Altern. Rhythmik kann hier sehr befreiend sein und bietet zahlreiche Möglichkeiten, z. B.: einmal nichts leisten müssen, wertfrei agieren dürfen, neue Ausdrucksmöglichkeiten finden, zum lustvollen Spielen zurückkommen dürfen, sich selbst und andere in allen Befindlichkeiten akzeptieren können, miteinander der Vergangenheit nachspüren, die Musik der alten Zeit zurückholen, Stärken in der weiter zurückliegenden Erinnerungswelt erleben (und nicht nur die Lücken im Blick haben wie bspw. bei Alzheimer-Betroffenen), körperliches Abbauen erspüren können und die dabei aufkommenden Gefühle (auch negative) angstfrei äußern können, Spaß am Nicht-Aktuellen haben dürfen, neue Bewegungsformen und alternative Strategien suchen können, Wiederholungen leben dürfen, oder auch „nur" Zeit bekommen, um Langsamkeit leben zu dürfen, verweilen zu können und genießen zu dürfen.

1.4. Wie „geht“ Rhythmik? – Inhalte und Lernbereiche

Die „rhythmische Erziehung“ bedient sich der Erkenntnisse um den Rhythmus und schafft auf der Basis von Wahrnehmung und Bewusstheit, von Bewegung in enger Verbindung mit dem Klang ihren ganzheitlichen pädagogischen Bildungsansatz.
Die rhythmische Erziehung will die kreativ-schöpferischen Kräfte, die jeder Mensch in sich trägt, mobilisieren, fördern, unterstützen.

Wahrnehmung der Gegebenheiten Raum, Zeit, Kraft, Form, Klang, Gruppe in Verbindung mit Bewegung, das Experimentieren und Improvisieren sind grundlegende Elemente. Diese werden durch Strukturieren und Ordnen in eine „rhythmische Gestalt“ gebracht. Dies findet als Prozessgeschehen im „handelnden Tun“ statt (ganzheitlich).
Der Mensch nimmt über die Sinne einen „Eindruck“ auf, verweilt bei ihm, verarbeitet ihn und macht ihn als „Ausdruck“ sichtbar. Die persönliche Gestimmtheit, die individuelle Ausdruckskraft ist dabei von großer Bedeutung.

Die Grundlage der rhythmischen Arbeitsweise ist das schöpferische Spielen und Gestalten. Fähigkeiten, die in der rhythmischen Erziehung in Verbindung mit Bewegung geschult werden, kann man in drei Bereiche gliedern:

Sensomotorische Erfahrungen (Wahrnehmung)

„... Die Bewegungsmöglichkeiten des eigenen Körpers sollen erprobt, wahrgenommen und erweitert, das Wechselspiel von Sinneseindruck und Bewegung soll deutlich gemacht werden." (Vorwort zum Lehrplan für die Fachakademie für Sozialpädagogik in Bayern, München 1994/96)

Dazu s. auch Kapitel 2.4. Körper und Sinne S. 75, Kapitel 2.1. Raum und Zeit S. 30, Kapitel 2.2. Materialien S. 45; Kapitel 2.5. Stimme und Ausdruck S. 98; Kapitel 2.7. Natur S. 122.

Körperbewusstsein

Übungen zu:

- Bewegungserziehung
- Erdung
- Koordination
- Impuls, Reaktion
- Puls, Atmung
- Körperkontakt
- Gestik, Körpersprache
- Mimik, Gesichtsausdruck

Sinne

Übungen zur Schärfung der Sinne:

- Sehen
- Hören: „Das Gleichgewicht sitzt in demselben Labyrinth im Innenohr, in dem auch die Cochlea (das eigentliche Hörorgan) sitzt. Es ist nicht etwas Zusätzliches, es ist Ohr." *(Joachim-Ernst Berendt, Ich höre – also bin ich)*

- Riechen
- Tasten, Fühlen, Spüren
- Kinästhetischer Sinn: „Neben den äußeren Sinnen (Auge, Ohr, Hand) haben wir den sog. inneren Sinn, den Muskel- oder Bewegungssinn, die kinästhetische Differenzierungsfähigkeit. Sie gibt uns über Raum-, Zeit- und Spannungsverhältnisse des Körpers Auskunft (...). Die kinästhetische Differenzierungsfähigkeit korrespondiert mit allen Wahrnehmungen. Sehr enge Beziehungen bestehen mit dem taktilen [= das Tasten, die Berührung betreffenden] Sinn." *(Gabriele Falkenberg)*

Psychosoziale Erfahrungen (Kommunikation)

„Die Umwelt bewirkt das Individuum und das Individuum bewirkt die Umwelt in koinzidenter (zusammentreffender) Bewegung." (Friedrich v. Weizsäcker)

Rhythmisch-kreatives Erfahren ist sowohl Selbsterfahrung als auch Erfahren der anderen. Die psychosoziale Förderung legt das Augenmerk auf die Wahrnehmung kommunikativer Vorgänge im Wechselspiel zwischen dem **Ich**, dem **Du** und dem **Wir**. Sie verdeutlicht die

Polaritäten Anpassung und Selbstständigkeit und zeigt Möglichkeiten vorwiegend nonverbaler Kommunikation auf.

Dazu s. auch Kapitel 2.6. Mein Gegenüber und die Gruppe S. 109; Kapitel 2.5. Stimme und Ausdruck S. 98.

Ich – Du (Partner / Gegenüber)

Übungen zu:

- Kraft
- Gleichgewicht
- Körpersignale, Körpersprache
- Führen und Folgen
- Spiegelbild, Schatten

Ich – Wir (Gruppe)

Übungen zu:

- Soziales Spielverhalten
- Führen der Gruppe
- Gestalten mit Partner und Gruppe mit den Ausdrucksmöglichkeiten des Körpers
- Gestalten von Reimen, Gedichten, Liedern, Bildern

Rhythmisch-musikalische Erfahrungen (Klang)

„In der Rhythmik geht es nicht um das Erlangen musikalischer Fertigkeiten, sondern darum, dass der Mensch auch durch die Verbindung von Klang und Bewegung zu sich selbst findet, seine Fähigkeiten entdeckt, individuelle Anlagen fördert und positive, emotionale Erfahrungen macht." (Lehrplan für die Fachakademie für Sozialpädagogik in Bayern, München 1994/96, S. 269)

Dazu s. auch Kapitel 2.3. Instrumente und Körperinstrumente S. 65; Kapitel 2.5. Stimme und Ausdruck S. 98.

Klangqualität und Bewegungsqualität

„Elementare Musik ist nie Musik allein,
sie ist mit Bewegung, Tanz und Sprache verbunden." (Carl Orff)

Übungen zu:

- Unterscheidendes Wahrnehmen
- Experimentieren mit Klängen, Geräuschen und Bewegung

Trommeldialog

Trommelgespräch

- Klangqualität in Bewegungsqualität umsetzen
- Erleben musikalischer Grundbegriffe: Metrum, Takt, Rhythmus, Phrase, Pausen, Noten, Notenwerte, Partitur, musikalische Form, Intervalle, Dynamik, Ein- und Mehrstimmigkeit über die Bewegung

Beispiel Taktschwerpunkt:
Freies Bewegen im Raum, es soll zwischen schwerem und leichtem Gehen gewechselt werden. Ganz allmählich wird ein gleiches Tempo gefunden. Es wird als Metrum von einem Instrument übernommen. Schwere und leichte Schritte gliedern nach und nach das Metrum. Mit der Zeit werden regelmäßige Taktschwerpunkte vorgegeben und durch einen schweren Schritt betont.

Bewegungsbegleitung
„Spiele, singe, töne, was du siehst.“

Übungen zu:
- Bewegung durch Klang (in Bewegung umsetzen, was ich höre)
- Bewegung begleiten (hörbar machen, was ich sehe)

Tanz und Gestaltung
„Der Tanz ist die Kunst,
Gefühle mit Hilfe rhythmischer Körperbewegungen auszudrücken.“
(Émile Jaques-Dalcroze)

- Erfahren, dass vorgegebene Strukturen eine eigene Ausdrucksform zulassen
- bzw. eine individuelle Gestaltung auch erleichtern können (Grundbewegungsarten, Grundformen wie Reihe, Kreis …)

Kapitel 2

Rhythmik in der Praxis – Themenbereiche

2.1. Raum und Zeit

Ich entdecke den Raum

„Wann hat ein Mensch Zeit, Muße und Gelegenheit, einen Raum auf sich wirken zu lassen? Wir sind gedanklich dem Weltraum oft näher, als dem Raum, der uns umgibt …“

(Helga Edleditsch)

Den Raum kennen lernen

- Den Raum als Gegebenheit wahrnehmen, in Spielformen miteinbeziehen können. Die Raumdimensionen erkennen: Größe, Form, Ebenen, Strukturen, Kennzeichen.
- Sich im fremden Raum zurechtfinden lernen, sich orientieren können. Sicherheit ermöglicht Wohlfühlen. Erfassen des Raumes mit offenen und geschlossenen Augen, Benennen der Gegebenheiten.
- Orientierung im Raum, Raumrichtung, Raumwege.
- Die Wirkung eines Raumes auf die Befindlichkeit erkennen und als Konsequenz in die Arbeit miteinbeziehen. Den eigenen Platz im Raum erkennen.
- Beziehung zum Raum verdeutlichen (allein, in der Gruppe, in Ruhe oder in Bewegung).

Beispiel:
Der Raum ist durch unregelmäßig verteilt liegende Reifen strukturiert. Klar gegliederte Musik (gut hörbare Phrasen, ABA-Form u.a.) begleitet die Bewegung. Am Ende (einer Phrase, eines Formteiles) soll jeder in einem Reifen stehen.

Kindergarten

- Die Kinder werden einzeln begrüßt. Es gibt viele Möglichkeiten zum Begrüßen ...
- Jedes Kind wählt seinen eigenen Platz aus und markiert ihn, z. B. mit Teppichfliesen, Kissen usw.
- „Sausemusik“ zum Herumlaufen im Raum, jedes Kind läuft so schnell es möchte. Es kann auch hüpfen, auf den Zehen laufen, seitwärts, rückwärts ... Bei Musikende soll das Kind, so schnell es ihm möglich ist, zum Platz zurücklaufen, hüpfen, trippeln, stampfen ... Es geht nicht darum, wer der Schnellste ist, sondern darum, dass der eigene Platz wiedergefunden wird.

Den Raum wahrnehmen

Den Raum genau anschauen: Was fällt mir auf? Wie viel kann ich von meinem Sitzplatz aus sehen, ohne dass ich mich wegbewege? Durch den Raum gehen, auf ein Signal stehen bleiben, Augen schließen: Wo sind Lampen, wie sehen sie aus? Welche Farbe haben die Gardinen?
Verändert sich die Intensität der Wahrnehmung mit dem Tempo?

Schulkindalter

Im Freien:

- Die „endlose Weite" erkunden: So weit und so schnell laufen, wie man will. Spielregel ist, dass alle sich sehen.
- Auf ein Signal hin stoppen alle sofort (Signal vorher absprechen, akustische und visuelle Signale ausprobieren).
- Wie laut oder deutlich muss das Signal sein, wie leise oder unauffällig kann es werden, so dass man es trotzdem noch hören (sehen) und darauf reagieren kann?
- Den Platz immer mehr eingrenzen, Befindlichkeit vergleichen. Gute Spielplatzgröße abstecken (wo Freiheiten gegeben sind, aber das Gruppengefühl noch vorhanden ist).
- Jedes Kind grenzt seinen eigenen Raum ab; dieser kann markiert, gestaltet werden.
- Verbindungswege zu anderen Plätzen suchen.
- Verbindungsklänge: Wie weit kann das andere Kind weg sein, dass ich es noch hören (sehen) kann?
- „Besuche" machen, „Gastgeschenke" mitbringen. Gemeinsame Spielformen finden …
- Akustische Verbindungen testen, z. B. „Schnurtelefon", „Schlauchtelefon", Trommeln, Stimme …
- Weiterführende Spiel- und Gestaltungsmöglichkeiten: Themen wie Stadt, Dorf, Spielplatz, Flugplatz, Rummelplatz.

Raumebenen

Ebenen, die uns im Raum begegnen, in das Spiel miteinbeziehen, z.B. bei Musikende irgendwo oben stehen, (unten) liegen, möglichst viele hochgelegene Gegenstände und Materialien anfassen.

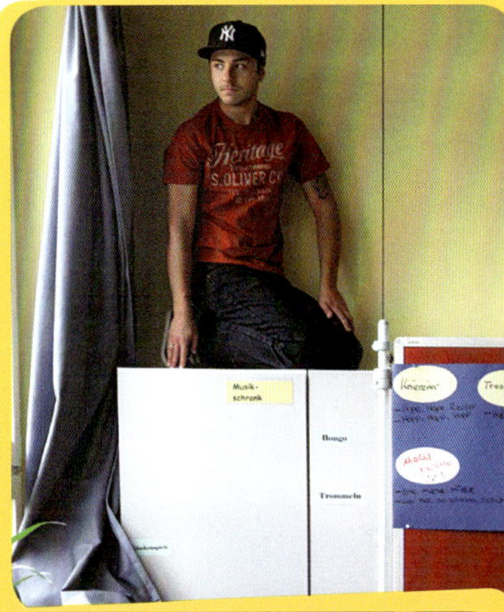

Raumwege und Richtungen

- Den eigenen Platz markieren (oder gut einprägen), drei (später auch mehr) Punkte im Raum auswählen, nach einem Signal (akustisch oder visuell) sollen die drei Punkte so schnell wie möglich nacheinander berührt werden, dann wieder zum Platz zurücklaufen.
- Wege können unterschiedlich aussehen, z.B. ganz gerade Wege (Vorstellungshilfe: Striche im Raum, Ecken), verschlungene Wege (Wellen, Kreise).
- Gerade und runde Wege und Formen nachstellen.
- Wer weicht aus? Wie verändert sich die Körperhaltung?

Kindergarten

- Wege werden durch den Raum gelegt (mit Reifen, Seilen, Kissen, Teppichfliesen ...), Ausgangspunkt und Endpunkt können markiert, benannt, bebaut, gestaltet werden.
- Verschiedene Bewegungsformen ausprobieren (z.B. auf allen Vieren, rückwärts gehen, kriechen, wie ein Frosch hüpfen ...).

- Stationen können eingebaut werden, wo es etwas zu betasten, zu befühlen oder zu erraten gibt.
- Zwei oder mehrere Kinder gehen den Weg, Hindernisse können den Weg erschweren. Ein Kind darf einen Weg zeigen, ihn vorgehen. Der Weg darf von einem Kind verändert werden. Wer kann sich erinnern, wie der erste Weg ausgesehen hat? Vielleicht sollten wir ihn vorher aufmalen?

Möbel und Gegenstände im Raum

Möbel können ein Hindernis bedeuten oder „Spielgerät“ werden, z. B. Stühle:

- Den eigenen Stuhl „besitzen“. Welche Variationen des Sitzens gibt es?
- Die Stühle werden verteilt im Raum aufgestellt, man merkt sich den eigenen Stuhl.
- Bewegung im Raum zur Musik, bei Musikende so schnell es geht zum eigenen Stuhl zurückkehren.
- Welcher Weg wird gewählt, welche Hindernisse stehen im Weg?
- Was passiert, wenn nicht der eigene Stuhl, sondern ein anderer ausgesucht wird, wenn zwei oder drei dieselbe Wahl getroffen haben?
- Ebenen miteinbeziehen, über die Stühle steigen, unten durch- oder ganz eng daran vorbei kriechen, mit viel Abstand, mit und ohne Berührung ...

- Die Stellung der Stühle wird verändert (vorher oder während des Bewegens).
- Eine „Stuhl-Skulptur“ könnte entstehen.

Kindergarten

- Stühle, Tische betasten, darauf trommeln, be-sitzen, ein Stück verrutschen, Gewicht spüren (schieben, heben, tragen).
- Zwei oder mehrere Kinder sitzen auf einem Stuhl, ein Kind oben, eines darunter ...
- Eine Reihe, eine Schlange, einen Kreis oder andere Formen mit Stühlen bilden. Diese Stuhlformationen mit anderen Dingen (z. B. Bändern, Seilen, Reifen) verbinden.

Jugendliche

Spiel mit freiwilligen Begrenzungen:

- Den Raum gemeinsam allmählich bis zum Extrem eingrenzen (z. B. mit Stühlen, Tischen, Bodenmarkierungen, Fäden ...), wieder erweitern, evtl. mit Musik begleiten.
- Eigene Grenzen setzen, den eigenen Platz abgrenzen, Begrenzungen (mit verschiedenen Materialien, pantomimisch etc.) herstellen. Wieviel Platz brauche ich für mich selbst?
- Gesprächsimpuls: Welche Gedankenverbindungen entstehen, welche Gefühle werden ausgelöst (z. B. Raumnot, jemand ist eingeschränkt, Schranken setzen, Grenzen spüren ...)?
- Die Augen schließen, den Raum verdunkeln: den „dunklen“ Raum erleben, erfahren, begreifen ...

Geführt werden im Raum:

- Sich auf ungewöhnliche Weise von einem Partner den Raum zeigen lassen (z. B. „blind“ geführt werden, dabei verschiedene Stellen betasten und auf Gegenstände greifen).
- Durch einen Klang geführt werden (Körperinstrumente, kleine Instrumente, klingende Materialien im Raum).

Heilpädagogik

Sich den Raum zugänglich machen: begreifen, betasten, befühlen, anfassen, hinklopfen, mit oder ohne Hilfestellung, mit oder ohne Signale, mit oder ohne Musik.

- Den Raum begehen, befahren (Rollstuhl), begleitet werden ...
- Strukturen und Ordnungen sehen, „ergehen“, herstellen, wiederfinden (z. B. „In dieser Ecke steht das Klavier, hier liegt immer der Stoffball.“).
- Freude am Wiedererkennen, am Vertrauten erleben: den eigenen Platz, den eigenen Stuhl, das Kissen mit den Blumen wiederfinden.
- Den Raum er-hören: Hör-Punkte, Klangbegrenzungen, Instrumentenstandplätze.
- Schutz und Sicherheit durch Begrenzungen erleben, z. B. den großen Raum mit weichen schönen Materialien (Kissen, Matten, Decken) begrenzen (geistig Behinderte).
- Einzelne Spielgeräte oder Instrumente erhalten Aufforderungscharakter, indem sie sichtbar im Raum aufgestellt werden und damit zum Bewegen bzw. Spielen animieren, z. B. Koshbälle, Reissäckchen.

Methodische Hinweise

Erwachsene

Was bedeutet es für einen Erwachsenen, den „Raum“ zu entdecken? Der Raum spielt oft unbewusst eine große Rolle, ob wir uns wohl oder unwohl fühlen, ob wir zum Tun animiert werden, uns verloren oder aufgehoben vorkommen.

Raumerfahrungsübungen haben in ihrer Einfachheit anfangs oft eine etwas eigenartige Wirkung auf Erwachsene, bis sie begriffen haben, wieviel man dadurch über sich selbst erfahren kann: Welches sind die bevorzugten Plätze im Raum (in Ecken, am Rand, in der Mitte)? Wie wirkt ein zu großer, zu kleiner Raum? Welche Farben erleichtern es, sich wohl zu fühlen? Wie und wo im Raum werden andere Leute wahrgenommen? Welche Lichtverhältnisse, welche Temperaturen regen zum Arbeiten, zum Faulenzen, zum Entspannen an?

Wir sind einer Fülle von Raumeindrücken ausgesetzt. Es ist interessant und oft aufschlussreich für Erwachsene, wenn sie sich bewusstmachen, welche Eindrücke sie aus der Vielfalt herausfiltern und tatsächlich wahrnehmen. Oft treten „erinnerte" Wahrnehmungen an die Stelle von tatsächlichen, z. B. alle Fensterriegel sind silberfarben, alle Neonlampen sind rechteckig ...

Kindergarten

Die Begrüßung (mit Namen) ist wichtig, das Kind fühlt sich als Einzelperson wahrgenommen. Der eigene Platz gibt Sicherheit.
Die Erzieherin kann bei der freien Bewegung Bewegungsverhalten und Stimmung der einzelnen Kinder (Müdigkeit, Überdrehtheit, Bewegungslust, körperliche Merkmale) beobachten.

- Die Kinder üben Reaktion und die Orientierung im Raum.
- Die Bewegungsphantasie wird angeregt.
- Kinder lieben es, den Raum „sausend" zu entdecken. Dabei kommt es oft zu Zusammenstößen mit anderen Kindern oder mit Gegenständen.
- Hinweise bzw. Aufgabenstellungen, die die „gefährlichen" Punkte deutlich machen, sind nötig; auch Zusammenstöße können geübt werden.
- Ermahnungen („Stoß ja nicht an!") sind meist wirkungslos, weil die Bewegung im Vordergrund steht und oft nicht schnell und exakt genug gesteuert werden.
- Raumerfahrungsübungen bringen immer den Kontakt zu anderen.
- Ausweichen, Stoppen etc. ist nicht nur für Kinder schwierig, man denke z. B. daran, wie schwierig auch für Erwachsene das Ausweichen in einer Menschenmenge sein kann. Diese Aufgaben sind auch eine gute Grundlagenarbeit z. B. bei der Hinführung zur Verkehrserziehung.
- Kindern und Erwachsenen fällt es meist schwer, die Augen zu schließen und bei „Blindübungen" nicht zu blinzeln. Dies sollte akzeptiert werden.
- In der Rhythmik werden die Augen nicht verbunden, um Ängste zu vermeiden und die eigene Entscheidung über „blind oder nicht blind" zu ermöglichen.

- Kinder bringen, wenn der Erzieher oder Anleiter es wahrnimmt und zulässt, viele gute Anregungen und Spielformen mit ein. Sie werden zum kreativen Handeln angeregt und erfahren Bestätigung, wenn andere ihre „Erfindungen“ übernehmen. So können z. B. auch zurückhaltende Kinder Erfolgserlebnisse verbuchen.

Schulkindalter

Das Bewegungsbedürfnis nach einem langen Schultag ist groß. Raumaufgaben können eine Alternative zur Kopflastigkeit der Schule sein. Lachen, Ausagieren, Spaß, Kraft spüren sind wichtige Elemente – der Raum spielt immer mit.

- Raumdimensionen, Ebenen, Merkmale des Raumes werden erfahren und bewusst gemacht, es entsteht größere Vertrautheit mit dem Raum.
- Der Unterschied zwischen Weite und Enge kann erlebt werden: Begrenzung kann Schutz und Orientierung bedeuten, Enge kann unangenehm sein. Durch allzu große Weite kann der Kontakt zu den anderen verloren gehen.
- Rhythmik findet normalerweise in einem dafür geeigneten Raum statt. Rhythmische Aufgabenstellungen können meiner Erfahrung nach durchaus manchmal ins Freie verlegt werden, wenn man die geänderten Voraussetzungen bedenkt: Die Übersicht geht leichter verloren, die Kommunikation wird schwieriger, konzentratives Arbeiten wird erschwert durch viele Ablenkungen.

Jugendliche

Rhythmikeinheiten müssen der Situation und der Gruppe entsprechen. Dabei kommt es auf die Vertrautheit der Jugendlichen untereinander bzw. auf den Kontakt der Jugendlichen zum Pädagogen an.

- Aufgabenstellungen dürfen nie „kindisch“ sein, müssen fordern, Spaß erlauben, dürfen nicht einzelne bloßstellen. Aufgaben müssen sicher und nicht zu vorsichtig oder entschuldigend („Ich hätte da so ein kleines Spielchen für euch.“) gestellt werden.
- Spiele und Übungen, die Körperkontakt zulassen / erfordern / voraussetzen, müssen gut überlegt und den Bedürfnissen der einzelnen Gruppenmitglieder angepasst werden (Grenzen respektieren, Geschlechterrolle beachten).

- Gerade Jugendliche erleben häufig Grenzen, geraten öfter in Grenzsituationen. Grenzen spielerisch, aber konkret zu spüren, sie zu erweitern oder aufzuweichen, kann eine interessante Erfahrung sein, die zu Gesprächen anregt. Trotzdem ist Vorsicht geboten: Ziel dieser Aufgabenstellungen darf nie ein therapeutischer Aspekt sein. Man sollte Jugendliche nicht zu „tiefen" Gesprächen drängen, und keinesfalls eine Therapiesituation herstellen.

Heilpädagogik

Die Steigerung der Wahrnehmungsqualität erleichtert Alltägliches. Der umgebende Raum kann (soll) als hilfreich und Sicherheit gebend erlebt werden.

Ich entdecke die Zeit

„Wenn man schnell gehen muss, kommt die Seele nicht mit."

(Peruanisches Sprichwort)

Zeitbegriffe

- Das Bewusstsein erweitern für subjektives und objektives Zeiterleben.
- Die Möglichkeiten des Zeiterlebens ausloten.
- Spielformen, die in Zusammehang mit Zeiterfahrung stehen, finden und ausprobieren z.B. durch musikalische Vorgaben (Phrasen, musikalische Formen, Tempo).
- Experimentieren mit der Zeit.

Heilpädagogik *(Geistige Behinderung)*

- Ein Plüschball wird um bzw. auf dem (liegenden, sitzenden) Körper gerollt. Der Ball kann langsam oder schnell rollen.
- Die Trommel (Gitarre, Xylophon ...) wird vom Erzieher erst langsam, dann schnell gespielt. Können auch die Hände in diesem Tempo klopfen (auf dem Stuhlsitz, dem Boden, in die Hand des Erziehers ...)?
- Ein Vers oder ein kurzes Lied kann unterstützen und verdeutlichen, ordnen und strukturieren.
- Das Kind sitzt auf dem Boden und lehnt sich an den Erzieher. Das Lied wird gesungen, gesummt, geträllert. Dabei schwingen die Körper leicht mit (selbst wenn das Kind passiv ist, spürt es die Schwingung).

Individuelle Zeiteinschätzung

Sich die eigene Zeit nehmen, sich den eigenen Zeitbedarf bewusst machen:

- Ruhephase im Liegen (beispielsweise in Verbindung mit Körperwahrnehmungsübungen), sich beim Aufsetzen und Aufstehen die Zeit nehmen, die man braucht. Man hat Zeit, den Bewegungsvorgang des Aufrichtens genau zu beobachten.
- Zwischen einzelnen Aufgaben dazu anregen, den momentanen Augenblick, den „Moment“ wahrzunehmen.

Kindergarten

- Rennen, schleichen („wie ein ...“) im Wechsel.
- Die Musik (schnell und langsam) bestimmt, wann gelaufen und wann geschlichen wird. Dabei unregelmäßige und regelmäßige Abschnitte einbauen.
- Ein bekanntes Lied dient als Begleitmusik. Der Erzieher hört plötzlich auf zu singen und alle bleiben stehen. Wer kann „innen drinnen“, also ganz leise weiter singen?
- Dasselbe in regelmäßigen Abschnitten (Phrasen) durchführen, z. B. eine Zeile singen (sich bewegen), eine Zeile „stumm“ singen (stehen): Dies ist eine sehr schwierige Aufgabe! Nicht korrigieren oder werten. Das Lied muss gut bekannt sein.

Schulkindalter

Die Zeit einschätzen: Alle bewegen sich z. B. eine Minute lang (das Abstoppen kann jeweils von einem Kind übernommen werden). Wer glaubt, dass eine Minute vorbei ist, setzt sich hin, schließt / öffnet die Augen, bewegt sich oder erstarrt.

Zeiteinteilung und Phrasierung

- Alle bewegen sich im eigenen Tempo durch den Raum; unregelmäßige Stopps einschieben, Tempi ausprobieren. Verändert sich an der Dauer der Bewegungs- und Ruhephasen etwas, wenn sich das Tempo verändert?
- Tempo und Bewegungszeit werden von der Musik vorgegeben (verschiedene Instrumente): zuerst unregelmäßige Abschnitte zwischen Bewegung und Ruhe anbieten, dann regelmäßige Zeiteinteilung (Phrasierung), z. B. je 8 Takte Bewegung oder Stehen versuchen.
- Das Tempo kann während des Stehens durch Klatschen, Schnipsen, Klopfen weitergeführt werden.
- „Open end“, d. h. jeder spielt, solange er möchte, dann in Zeitlupe hinsetzen. Durchatmen, räkeln, sich strecken …

Zeitlupe und Zeitraffer

- Sehr schnelles Bewegen im Raum, auf ein Signal umschalten auf sehr langsames Tempo. Jeder spielt mit den Gegensätzen; sich selbst den Impuls zum Umschalten geben.
- Wie sehr beeinflussen die anderen?
- Vorstellung „Filmszene in Zeitlupe“: Alle bewegen sich in Zeitlupe. Nicht nur die Füße sind langsam, sondern die Bewegungen des ganzen Körpers.
- Den Gegensatz „Filmszene im Zeitraffer“ ausprobieren, dabei einfache Bewegungsformen wählen (gehen, laufen, hüpfen …),Vorstellungshilfen suchen: zum Zug eilen, zu spät zur Schule kommen, unter Zeitdruck stehen …
- Musik zu beiden Bewegungsarten finden.

- Zeitlupe und Zeitraffer treffen aufeinander.
- Kurzszenen mit oder ohne Musik können entstehen.

Kindergarten

Spiel mit „ganz langsam" und „ganz schnell":

- Vereinfachen des Bewegungsablaufes, z. B. keine Ganzkörperbewegung, sondern nur Kopfnicken, Winken u.v.m.
- Bilder, Vorstellungen und Assoziationen zuhilfe nehmen, z. B. Welche Tiere sind ganz langsam / ganz schnell? Welche Fahrzeuge, welche Tätigkeiten?
- Ob es wohl Lieder oder Musik dazu gibt?
- Möglichkeiten ausprobieren, spielen, zeigen, nachmachen.
- Ein Lied ganz langsam und ganz schnell singen.
- Sich in Zeitlupe verabschieden.

Schulkindalter

Zeitlupenaufgaben

- Differenzieren, erleichtern, erschweren, verändern je nach Alter und Entwicklungsstand der Kinder. Weitere, ergänzende Möglichkeiten:
- Einen alltäglichen Bewegungsablauf in Zeitlupe ausprobieren, z. B. Türe schließen, Zähne putzen, etwas einpacken, jemanden begrüßen, telefonieren, lachen, reden, rufen, singen, tanzen, raufen ...
- Ballspiele mit weichem Ball, z. B. Plüschball: den Ball in Zeitlupe rollen, werfen, fangen, weitergeben ...

Jugendliche

- „Stummfilm" mit (Live-)Musik, evtl. mit Video aufnehmen
- Action-Szenen in Zeitlupe
- Zeitlupen-Stunts
- Zeitlupen-Tanz

- Zeitlupen-/Zeitraffer-Sessions (Improvisation auf Rhythmus- oder Melodieinstrumenten)
- Gesprächsimpulse: Was bedeutet Zeit haben, Zeit verschwenden, Zeit schenken, zeitlos, Zeitgeist, Zeitbegrenzung, Zeitströmung?

Methodische Hinweise

Erwachsene

Erwachsene entdecken in der Auseinandersetzung mit der Zeit das eigene Ich. Es tut gut, sich zwischendurch einmal die Zeit nehmen zu dürfen, die man wirklich braucht. Oftmals verhindern wir dies selbst, wenn wir uns zum Beispiel zu sehr danach richten, was andere tun oder wie schnell sie mit einer Aufgabe fertig sind.
Den eigenen Zeitbedarf einzuschätzen, den eigenen Rhythmus wahrzunehmen, ist oft schwieriger als man annimmt.
Subjektive Zeiteinschätzung: Wann vergeht die Zeit schneller, beim Bewegen oder beim Ruhen, beim Warten oder Tätig-Sein? Wie groß ist die Beeinflussung durch andere Personen?
Beim Aufnehmen einer gleichmäßig durch Musik gegliederten Zeitspanne (Phrase) soll versucht werden, nicht mechanisch durch Zählen zu reagieren, sondern mitzuschwingen, mitzusingen, innerlich zu tönen. Die Zeitspanne soll erlebt, nicht errechnet werden.
Bei der Zeitlupenarbeit kann durch die große Konzentration leicht Atemlosigkeit entstehen. Atmen nicht vergessen! Anspannungen werden oft erst hinterher spürbar. Es entsteht „viel Zeit" zum Beobachten des Bewegungsablaufes und der Körperreaktionen. Körpersteuerung und Schwierigkeiten mit dem Gleichgewicht können intensiv erlebt werden.
Bei Zeitlupenspielen wird es oft sehr still, manchmal auch sehr lustig. In Zeitlupe sind Körpersteuerung und Gleichgewicht schwierig, daher Zeitlupenspiele nicht zu lange ausdehnen.
Zeitraffer: Es kommt ebenfalls oft zu Atemlosigkeit. Es fehlt die Zeit zum Planen von Bewegungsabläufen; wenig Wahrnehmung ist möglich, es entsteht Hektik, es wird laut, lustig, es kommt zu Zusammenstößen.

Kindergarten

Das Umschalten vom Bewegen zur Ruhe ist schwierig (Körpersteuerung).
In der Bewegung können Kinder ein Lied gut erfahren, wiederholen und es sich einprägen. Eine musikalische Zeiteinheit wird allmählich erspürt.
Assoziationen zu Zeitlupe und Zeitraffer begegnet man in vielen Bereichen: im Tierreich, im Straßenverkehr, im Fernsehen, im Weltraum, in Geschichten und Märchen, bei vielen Tätigkeiten.
Warten können, bis die anderen fertig sind, ist nicht nur für Kinder eine sehr schwierige Aufgabe.
Kinder sind schon sehr früh den (teilweise extremen) Anforderungen des Zeitdrucks ausgesetzt. Sie sind ebenso wie die Erwachsenen daran gewöhnt, dass es heißt: „Beeile dich!", „Trödle nicht herum!", „Mach schneller!" Selten dagegen hören auch Kinder: „Lass dir Zeit!" Sie sollen daher spielerisch Situationen erleben können, die das Zeit-Haben beinhalten.
Signale, die die Zeit einteilen, dürfen nicht vorrangig als Konditionierung und schon gar nicht als nonverbales Mittel zur Disziplinierung verstanden werden (Gefahr des Manipulierens).

Schulkindalter

Alltägliche Abläufe durch die Zeitlupe zu „entschärfen", kann sehr großen Spaß machen – und Spaß entlastet. Hortkinder z. B. erleben durch ihre spezielle Situation (straffe Zeiteinteilung Schule – Hort – Elternhaus) den Druck der Zeit sehr deutlich. Die oft zahlreichen Freizeitaktivitäten verstärken häufig den (Zeit-)Druck auf die Kinder.
Auch bei Rhythmikangeboten sollte man darauf achten, dass die guten Absichten und die positiven Wirkungen nicht durch zu große Zielvorstellungen bedrückend werden, sondern zu Entlastung und Entspannung führen.

Jugendliche

Planen und Gestalten von kurzen Szenen oder Stories kann die Lust am Experimentieren mit Bewegung und Klang steigern.
Festgelegte Bewegungsmuster können über die Zeitlupe erkannt und dann evtl. verändert werden.

Heilpädagogik

Der Körper als Wahrnehmungsfeld steht im Mittelpunkt, der Wechsel von Dynamik und verschiedenen Geschwindigkeiten wird erlebt.
Ordnung im Zeitablauf kann zur äußeren und inneren Sicherheit beitragen.

2.2. Materialien

Materialien haben Mittlerfunktion. Sie können durch ihre Farbe, Form, Beschaffenheit oder ihren Klang zum aktiven Tun auffordern, Bewegungen anregen und unterstützen.

Spiel mit langen Bambusstangen

Wie tragen sich verschiedene Hüte? Einzeln und (aufgefangen?) auch ganz viele …

Gegenstände und Materialien, z. B. Bälle, Seile, die zum sofortigen Agieren auffordern, erst dann bereitstellen, wenn man sie benötigt. So vermeidet man vorprogrammierte Konflikte (wie z. B. „Das darfst du nicht nehmen. Lass das liegen. Später …“).

Ball

Arbeit mit dem Ball zum Thema Reaktion:

Rollen und Stoppen:

- Wir bewegen uns im Raum. Ein Tennisball wird während des Bewegens auf dem Boden gerollt. Er soll nie ruhig liegen, alle sind dafür zuständig, dass er weiterrollt.
- Auf ein Signal hin den Ball sofort stoppen.
- Mehrere Bälle kommen ins Spiel: im Wechsel rollen und stoppen.
- Alle haben einen Ball. Der Ball wird beim Durcheinandergehen zur Musik gerollt, er soll nichts und niemanden berühren, vorher abstoppen.
- Man kann dabei auch etwas riskieren, indem man versucht, sehr nahe an Gegenstände oder Personen heranzurollen.

Bodentennis:

- Am Boden im Kreis sitzen.
- Den Ball befühlen, am Platz rollen.
- Ein Ball wird durch den Kreis gerollt. Er darf mit der Handfläche nur so gespielt werden, dass er nicht springt. Er darf nicht geworfen und gefangen oder gehalten werden, sondern soll immer sofort am Boden weitergeschickt werden.
- Wir versuchen, eine Lücke zwischen zwei Spielern zu finden, so dass der Ball den Kreis verlässt (Tor). Die beiden Spieler sollen den Ball stoppen, bevor er hinausrollt.

Variationen:

- Wechsel von rechter und linker Hand.
- Jemand ruft, mit welchem Körperteil der Ball gespielt werden soll.
- Mehrere Bälle gleichzeitig rollen.
- Beim Wegrollen den Namen des Mitspielers, der den Ball erhalten soll, nennen.
- Ein Lied wird gesungen, der Ball wird nur bei Taktschwerpunkten an gestoßen.
- Mit geschlossenen Augen spielen, hören, wohin der Ball rollt. Das ist schwierig, aber möglich, vor allem dann, wenn in einer einfacheren Version mit einem Klingelball vorgearbeitet wird.

Wegräumspiele:

- Bälle in einen Reifen rollen, in einen Behälter werfen, die Abstände dabei selbst wählen.

Kindergarten

Reagieren auf Signale:

- Jedes Kind hat einen weichen Ball. Es hat ihn betastet, befühlt, angeschaut, ihn aus einer Menge von Bällen selbst ausgesucht.
- Wir versuchen, den Ball durch den Raum zu rollen. Ist das ohne Zusammenstöße möglich?
- Die Ballreise wird von Musik begleitet. Wenn die Musik endet, wird sofort gestoppt.
- Signale fordern zum Innehalten auf (akustisch: Klänge, Geräusche, Stimme oder visuell: Gestik, Farben).
- Signale zum Stoppen und Weiterbewegen, zum Fallenlassen und Wieder-Holen des Balles, zum Tauschen mit einem anderen Kind.

Schulkindalter

Bodentennis mit Variationen:

- Ein Ball wird durch den Kreis gerollt. Ein Kind bewegt sich in der Kreismitte und versucht, dem rollenden Ball auszuweichen. Wenn ein Fuß berührt wird, findet ein Spielerwechsel statt.
- Zu zweit in der Mitte sein, sich evtl. an den Händen fassen.

Jugendliche

Alle Bodentennisvarianten sind erfahrungsgemäß auch für Jugendliche attraktiv. Besonders interessant sind die „blinden“ Variationen mit ihrem höheren Schwierigkeitsgrad. Dabei geht es nicht nur um Reaktionsschnelligkeit, sondern vor allem auch um genaues Hinhören.

Weiterführungsmöglichkeit zum Thema Kommunikation, Kennenlernen: „Ich rolle oder werfe dir den Ball zu, weil ich eine Frage an dich habe / etwas von dir wissen will.“

Sandsäckchen werfen (oben)

Experimentieren mit Koshbällen (Mitte)

Massage mit dem Igelball (unten)

Methodische Hinweise

Schnelles Reagieren beim Rollen und Stoppen wird geübt. Wichtig dabei ist, dass beide Körperhälften zum Einsatz kommen.
Der Tennisball ist sehr hart, diese Eigenschaft soll vorher durch Kennenlernen des Materials deutlich gemacht werden. Der Ball soll im Raum nicht geworfen werden, um Verletzungen zu vermeiden.
Die Steuerung der Kraft beim Rollen ist eine schwierige Aufgabe. Wird der Ball zu kräftig angestoßen, dann springt er, ist zu wenig Schwung vorhanden, erreicht er sein Ziel nicht.
Den Tennisball bei kleineren Kindern oder wenn das Spiel zu wild wird, durch einen Schaumstoff-, Plüsch- oder Moosgummiball ersetzen.

Kindergarten

Schnelles Reagieren auf Signale ist z. B. in der Verkehrserziehung wichtig.
Reaktionsaufgaben sollten nicht zu lange dauern, nicht über- oder unterfordern, aber exakt ausgeführt werden. Es ist viel Konzentration und Aufmerksamkeit nötig, daher immer wieder Ruhephasen einplanen.
Reaktion kann nur geübt werden, wenn man Gelegenheit zum Üben bekommt und nicht sofort ausscheidet, weil man zu langsam ist.

Schulkindalter

Die Kinder müssen bei diesem Spiel sehr genau darauf achten, dass der Ball nicht zu oft den Kreis verlässt, sonst werden die Pausen zu lange. Kooperation unter den Kindern ist wichtig. Bei dieser Spielform werden Reaktion, Körpersteuerung (Krafteinsatz) und Geschicklichkeit trainiert.
Erwachsene und Kinder erleben, dass auch Spiele, bei denen es nicht um Gewinnen oder Verlieren, um gut oder schlecht, geschickt oder ungeschickt geht, großen Spaß machen können. Diese Aufgaben sind eine Alternative zu sportlichen Wettkampfspielen.
Reaktionsspiele eignen sich auch fürs Freie, hier muss evtl. der Spielraum eingegrenzt werden.

Heilpädagogik

Es kommt immer auf die Aufnahmefähigkeit und Aufnahmebereitschaft der Kinder an, auf ihre körperliche und geistige Befindlichkeit. Der Erzieher muss die Fähigkeiten der Kinder kennen und genau wahrnehmen, wo er Impulse setzen kann.

Japanischer Papierball

Japanische Papierbälle (Japanbälle) sind sehr leichte, bunte Papierbälle, die aufgeblasen werden können. Sie regen zu vielfältigen Spielen an, in gefaltetem Zustand (Schiffchen, Hütchen) ebenso wie aufgeblasen.

Begegnung mit dem Material:

- Am Rücken auf dem Boden liegen, die Augen schließen.
- Ein unaufgeblasener Japanball wird jedem Teilnehmer auf den Bauch gelegt.
- Den Papierball mit geschlossenen Augen erspüren, nehmen, betasten, das Loch zum Aufblasen erfühlen, versuchen, den Ball aufzublasen.

Kindergarten

In einem Stoffsack (z. B. kleiner Kissenbezug) sind knisternde Überraschungen verborgen. Man muss vorsichtig sein, wenn man hineingreift. Was könnte das sein, wie fühlt es sich an, wie hört es sich an?

- Jedes Kind darf sich einen Japanball herausholen.
- Zuerst erkennt man gar nicht, dass es ein Ball ist, es sieht eher aus wie ein kleines Schiff oder ein Hütchen.
- Ausprobieren, was man damit machen kann, z. B. als Hut aufsetzen und durch den Raum gehen.
- Welche Schnelligkeit oder wieviel Hüpfen verträgt der Hut, ohne dass er hinunterfällt?
- Man kann den Hut auch auf der Hand, auf der Schulter, auf dem Rücken tragen, ihn wegpusten, schweben, fallen, segeln lassen.
- Das Aufblasen wird gezeigt (Mund dabei nicht ganz an die Öffnung).
- Mit dem aufgeblasenen Ball frei spielen, tragen, balancieren, pusten, prellen (nach oben, in die Luft), auch zur Musik.

Gemeinsames Spiel:

- Zwei Kinder tragen, balancieren, bewegen gemeinsam einen Ball.
- In der Raummitte liegt ein Reifen o.ä., alle Bälle werden hineingepustet, hineingefächelt, hineingeworfen.
- Vielleicht entsteht ein Reifen-Papierball-Bild.
- Achtung: Die Bälle sind sehr leicht, der Reifen bietet keine hohe Begrenzung. Bei viel Wind werden einige Bälle wieder nach draußen rollen.

Schulkindalter

- Man kann die Bälle im Raum verteilt auf den Boden legen, zur Musik gehen, laufen, hüpfen. Möglichst wenige Bälle sollen sich dabei bewegen (sehr schwierig!). Auch andere Ebenen einbeziehen: z. B. Stühle, Fensterbrett, Tisch usw.
- Mit den Gegensätzen „schwer – leicht“ spielen (Japanball, Medizinball, Erdball ...).
- „Ball über die Schnur“ oder durch einen Reifen spielen.

Jugendliche

- Der Ball könnte „ganz zufällig" auftauchen oder herumliegen.
- Einen Ball oder mehrere Bälle wie beim Watteblasen von einer Seite zur anderen pusten.
- Die Zeit abschätzen: Wie lange dauert es, bis der Tisch leer ist?
- Möglichkeit für die Anfangssituation: den eigenen Namen und persönliche Eigenschaften auf einen selbst ausgesuchten Ball schreiben; durcheinanderwerfen, fangen, lesen, die dazugehörige Person identifizieren.

Heilpädagogik *(Verhaltensauffällige Kinder)*

- Spiel mit einem großen, schweren Ball (Medizinball): rollen, Zielwerfen
- Ausprobieren: Welche Spielarten sind noch möglich? Übergeben mit den Händen, mit den Füßen ...
- Die Bälle werden immer kleiner und leichter.
- Die Augen schließen. Hinweis: Der nächste Ball, der in die Hand gelegt wird, ist ganz leicht (Papierball).

- Aufblasen, ausprobieren, prellen, pusten ...
- Jeweils zwei spielen sich einen Ball zu. Wie weit kann man auseinander gehen?
- Zu dritt, zu viert, in der ganzen Gruppe spielen: mit einem Ball, mit zwei Bällen spielen. Alle sind für das Spielgeschehen gleichermaßen verantwortlich, es gibt keine Minuspunkte z. B. für Fallenlassen.

Heimpädagogik

- Jeder spielt für sich am Platz und probiert aus, welche Bewegungsformen mit dem Papierball möglich sind: prellen, blasen, pusten, balancieren ...
- Den Platz (Spielraum) erweitern (zum Aufstehen, in Bewegung kommen).
- Den Ball zur Musik balancieren (auf der Handfläche, dem Handrücken, dem Finger oder dem Unterarm ...)
- Einen Partner suchen, zu zweit mit einem Ball/zwei Bällen spielen. Welche Möglichkeiten gibt es?
- Die gefundenen Spiele den anderen zeigen, vormachen, nachmachen.
- Spiel mit der ganzen Gruppe: im Kreis stehen (sitzen, knien). Ein Japanball, in die Luft geprellt, soll nicht zu Boden fallen. Alle sind zuständig, verantwortlich. Wiederholung auch mit zwei oder mehreren Bällen.

Methodische Hinweise

Der Japanball lässt sich wesentlich leichter aufblasen als ein Luftballon. Der Ball reagiert auf leiseste Bewegungen. Er ist trotz seiner „Zartheit“ robust und hält auch kräftigeres Prellen aus. Er kann dabei gut für rhythmische Aufgaben (z. B. Schwerpunkt betonen, Metrum prellen) eingesetzt werden.
Der Anleiter sollte aufmerksam sein für Ideen und neue Spielformen der Teilnehmer. Es ergeben sich oft spontan erfundene Spielvorschläge, die das eingefahrene Bewegungsrepertoire beim Spiel mit Bällen erweitern.

Kindergarten

Japanbälle faszinieren Kinder. Sie sind schön anzuschauen, durchscheinend bunt und leicht. Beim Prellen kann man sie auch hören. Sie sind gut geeignet für Kinder, die Angst vor Bällen haben. Sie lassen sich besser steuern als Luftballons und zerplatzen nicht so laut, wenn man sie unsanft behandelt. Der behutsame Umgang mit zartem Material kann geübt, der Begriff „Leichtigkeit“ kann erfahren werden.
Ein Problem aus der Praxis: Die Kinder wollen die Bälle immer gerne mit nach Hause nehmen. Aber auch bei den Erwachsenen werden die Bälle oft immer weniger.

Schulkindalter

Beim Zusammenfalten den Ball zur Öffnung hin einstülpen (Hütchen), dann dritteln (Schiffchen).
Japanbälle fordern zwar vorrangig zum behutsamen Spielen auf, sie halten aber mehr aus als man denkt. Beim Platzen knallen sie wie eine Papiertüte. Kleine Risse können mit Klebeband repariert werde, die ausgewogene Balance ist jedoch dann gestört.

Jugendliche

Den Jugendlichen keinesfalls Spielmaterial aufdrängen, sondern sie neugierig machen; das Material evtl. erst als Dekoration verwenden.
Bekannte Spielformen mit neuem Material ausprobieren.

Auch für „leise“, versteckte Spielvorschläge aufmerksam sein.
Das Spielen und den Spaß daran muss man sich als Jugendlicher oft erst selbst wieder erlauben. Das gilt auch für Erwachsene.

Heilpädagogik *(Verhaltensauffällige Kinder)*

Das Spiel muss die Möglichkeit bieten, sich zu bewähren. Steigert man die Anforderungen, ist es schwieriger, mit zartem, leichtem Material umzugehen.
Kooperation als Spielregel ermöglicht soziales Lernen.

Kreisel

- Viele verschiedene Kreisel liegen in der Mitte (große, kleine, bunte, einfarbige ...).
- Jeder Teilnehmer nimmt sich einen Kreisel und spielt damit.
- Verschiedene Unterlagen werden ausprobiert: auf der Hand, auf begrenzter Fläche, z. B. Teller, Teppichfliese, Spiegel, Trommel, Frisbee®, schiefe Ebene, auf verschiedenen Körperteilen ...
- Gleichzeitiges Andrehen: Welcher Kreisel bewegt sich am längsten, am ruhigsten, am weitesten weg vom Platz?
- Kreisel auf der Trommel weitergeben. Wie lange kann er sich drehen, ohne hinunterzutanzen?
- Musik und Kreisel-Klänge finden.
- Kreiselbewegungen mit dem Körper ausprobieren (Handbewegungen, Ganzkörperbewegungen).

Kindergarten

Die Kreisel tanzen lassen:
- Jeweils ein Kind darf ihn „fangen“ (mit der Hand, mit einem Tuch, einem Reifen ...) und selbst versuchen, den Kreisel zu drehen.
- Ausprobieren, wo der Kreisel noch tanzen kann, z. B. auf einem Stuhl, einem Tisch, auf der Schuhsohle oder auf dem großen Ball.

- Ein Kreisel tanzt im Reifen, ein zweiter will mittanzen. Wie viele Kreisel haben im Reifen Platz? Wann und wie stoßen sie zusammen? Welche tanzen am längsten?

Kreiselmusik:
- Womit können wir Kreiselmusik machen? Mit den Möglichkeiten, die den Kindern am besten gefallen, den Kreisel musikalisch begleiten.
- Wer möchte selbst einmal Kreisel sein und sich mit oder ohne Musik drehen?
- Alle fassen sich im Kreis an den Händen und bilden einen ganz großen Kreisel. Der Kreisel dreht sich zur Musik.
- Ein Kreisel verabschiedet sich tanzend von jedem Kind (am Boden, auf der Matte, auf einer Trommel, vielleicht sogar auf der Handfläche des Kindes).

Schulkindalter

- Der Kreisel tanzt auf einer großen Fläche, die immer mehr eingegrenzt wird.
- Übertragung dieses Motivs auf die Ganzkörperbewegung im Raum, auch im Wechsel oder zugleich mit dem Kreisel.
- Sich vorstellen, dass der Kreisel eine Farbspitze hat oder einen Kreisel mit Farbspitze verwenden. Wie schauen diese Spuren auf Papier aus? Wer mag weitermalen (mit Farbstiften, Bleistiften, Kreiden, Fingerfarben)?
- Jeder weitere Kreisel könnte eine eigene Farbspur hinterlassen.
- Ein Gemälde für den Gruppenraum entsteht.
- Versuchen, die Elemente des Gemäldes nachzutanzen (Raumwege). Wann stößt man mit einem anderen Kind zusammen?

Jugendliche

Übertragung der Kreiselbewegung:
- Der Bewegung des Kreisels einfach einmal zuschauen.
- Bewegungen vergleichen, sich bewusst einen Kreisel aussuchen, der zur eigenen Person, zur momentanen Stimmung, zum Freund, zu einer Situation usw. passt.

- Versuchen, den Kreisel zu beeinflussen: durch Antippen, Blasen, Ziehen am Tuch, auf dem er tanzt ...
- Zusammenstöße mit anderen Kreiseln herbeiführen.
- Assoziationen zum Kreisel formulieren: sich drehen, Spirale, aus der Reihe tanzen, überdreht sein, seine eigenen Kreise ziehen ...

Wie tönt der Kreisel? (auf verschiedenen Untergründen)

Ich lasse meinen Kreisel wandern

- Auf Musikformen übertragen.
- Wohltuende Massage: Wer möchte, kann sich mit kreisförmigen Bewegungen des Tennis- oder Igelballes den Rücken massieren lassen.

Heilpädagogik *(Sehbehinderung)*

- Einem in Bewegung gesetzten Kreisel zuhören.
- Einen Kreisel auf der Pauke andrehen (Verstärkung durch Schallübertragung!).
- Hören, wie lange er sich bewegt.
- Reagieren auf das Ende der Bewegung (klatschen, Trommelschlag, Stimme ...).
- Zwei Kreisel auf verschiedenen Trommeln drehen, den Klangunterschied beschreiben.
- Den Kreisel fangen.
- Die Größe der „Tanzfläche“ spüren; den Kreisel selbst in Bewegung setzen. An welcher Stelle muss man ansetzen, damit er nicht gleich anstößt oder herunterfällt?
- Verschiedene „Tanzböden“ ausprobieren. Welche klingen am angenehmsten, am lautesten, am schwächsten, am dunkelsten? Experimentieren, vergleichen, differenzieren.
- Wie klingen die Flächen, wenn statt des Kreisels die Hände darauf tanzen?
- Eine Hand tanzt in der Luft, solange sich der Kreisel dreht.
- Den Kreisel in die Hand nehmen, fühlen, spüren, sich ein genaues Bild machen.
- Mehrere Kreisel vergleichen, den eigenen wiederfinden.

Methodische Hinweise

Es gibt ein großes Angebot verschiedenster Kreisel. Unterschiede werden festgestellt, aber nicht bewertet. (Also nicht: „Das ist ein guter Kreisel“, sondern „Der dreht sich am ruhigsten.“)
Es ist oft nicht einfach, passende Musik zu finden. Der Anleiter muss verschiedene Möglichkeiten ausprobiert haben, darf aber nicht zu sehr beeinflussen.
Bei der Körperbewegung „drehen“ auf das Gleichgewicht achten, man wird sehr rasch schwindelig.

Kindergarten

Viel Zeit geben, nicht zu schnell von einer Aufgabe zur nächsten eilen.
Anregungen, Assoziationen, Bilder, die den Kindern einfallen, miteinbeziehen (z. B. „Wie mir einmal beim Drehen schlecht wurde", „Das dreht sich wie die Sahne im Mixer", „Das sieht aus wie am Computer" ...)
Informieren, dass der Kreisel ein sehr altes Spielzeug ist. Welche Spielsachen von früher kennen wir noch?
Achtung: Die Kinder sollen sich nicht zu lange drehen – auch ein Kreisel kommt zur Ruhe.

Schulkindalter

Beim Malen nicht zu kleinflächig arbeiten. Großzügige Schwünge, Spiralen und Kreise ausprobieren lassen. Vielleicht entsteht eine Collage aus vielen Einzelbildern, die im Kreis verbunden sind.

Jugendliche

Situationen schaffen, die das „Spielen" erlauben, ohne dass man sich lächerlich fühlt.
Bei der Anwendung von massageähnlichen Techniken auf Bedürfnisse nach Nähe und Distanz achten.

Heilpädagogik *(Sehbehinderung)*

Kreisel geben ein leises, aber hörbares Geräusch von sich. Trommel- und Paukenfelle verstärken den Klang, andere verstärkende Unterlagen können gemeinsam ausprobiert werden, z. B. Schachteln, Waschmittelbehälter, Töpfe, Kisten ...
Reagieren, Hinhören, Unterscheiden von Klängen können Lernziele sein, die mit dem Kreisel erarbeitet werden.

Schwungtuch / Fallschirm

Das Schwungtuch (der Fallschirm) verbindet die Gruppe, ermöglicht trotzdem Distanz, regt zum Bewegen an, macht sensibel für Schwingungen, produziert Geräusche und Töne.

- Stehen in einem engen Kreis.
- Das Schwungtuch wird so klein wie möglich zusammengerollt oder geknüllt und in die Mitte des Kreises gelegt.
- Jeder Teilnehmer greift sich ein Stück, ganz langsam wird der Kreis erweitert, ohne das Tuch loszulassen.
- Wer mag, kann die Augen schließen und spüren, wie das Tuch sich ausbreitet; wenn es ganz gespannt ist, die Augen öffnen und sich überraschen lassen, wie groß es ist.
- Auf gute Verteilung rund um das Tuch achten. Aufgaben: spannen – entspannen – lösen.
- Gemeinsam das Tuch in Schwingung bringen, von ganz wenig bis ganz stark.
- Die Bewegung des Tuches mit der Stimme begleiten. Die Schwunggeräusche bis zum Sturm verstärken, Bewegung und Geräusch wieder abschwellen lassen.
- Wenn das Tuch ganz hoch geschwungen wird und so eine große Glocke entsteht, können einzelne Teilnehmer loslassen, darunter durchlaufen und die Plätze wechseln. Gleiche Aufgabenstellung mit Nennung des Namens.
- Wie viele können gleichzeitig loslassen ohne dass das Tuch wegfliegt? Was passiert, wenn alle loslassen?
- Das Schwungtuch mit wenig Kraft (mit zwei Fingern) / mit viel Kraft schwingen, auch einbeinig stehend / in der Hocke / im Sitzen; sich gemeinsam vom Platz wegbewegen.
- Das Tuch sehr hoch schwingen, so dass eine große Kuppel entsteht. Alle laufen zur Mitte, ohne das Tuch loszulassen und setzen sich rasch innen auf den Tuchrand. Die eingefangene Luft lässt einen großen schützenden Iglu entstehen (Ruhephase!).
- Wem die Luft unter dem Tuch zu schlecht wird – sie verbraucht sich sehr rasch –, der begibt sich schnell nach draußen.
- Von außen das Gebilde betrachten.

- Einer oder mehrere Teilnehmer bleiben unter dem Tuch, bewegen sich mit oder ohne Geräusche, liegen, sitzen, stehen, heben einen Arm, bilden Skulpturen oder entwickeln kleine Szenen.
- Ratespiele: Wer ist wer? Was wird dargestellt?

Schwungtuch und zusätzliche Materialien:
- Verschiedene Materialien werden auf das Tuch gelegt und mitgeschwungen (Luftballons, Japanbälle, Bälle, Blätter ...; einzelne, mehrere, viele). Wie viele bleiben wie lange liegen, auch bei starkem Schwingen?
- Ein Ball rollt während des Schwingens am Tuch von einem Teilnehmer zum anderen, rollt am Rand des Tuches entlang und beschreibt einen Kreis (sehr schwierig, alle müssen mithelfen).
- Ein Teil der Gruppe (z. B. jeder zweite im Kreis) bemüht sich, dass der Ball auf dem Tuch bleibt, die anderen versuchen ihn hinauszubefördern.

Ruhephase:
- Jemand legt sich auf/unter das Tuch, die anderen erzeugen Wellen, von Flaute bis Sturm, je nach Wunsch. Neue Spielideen miteinbeziehen.
- Zum Abschluss tut eine Rückenmassage gut.

Kindergarten

- Das Tuch als kleines Päckchen mitbringen, „auspacken“.
- Das Schwingen ausprobieren. Woran erinnert das Bild?
- Wer kann bei leichtem oder schwerem Wellengang über einen „Schwungtuch-See“ laufen? Gibt es Inseln?
- Sich unter dem Tuch verstecken. Wer fehlt (schauen, tasten, hören, raten)?
- Mehrere Kinder sind unter dem Tuch verteilt, eine Glocke o.ä. wird zwischen ihnen weitergegeben. Die Kinder draußen raten, wo sie gerade ist.
- Das Tuch ist eine Insel, alle ruhen sich aus.

Schulkindalter

- Das Schwungtuch zu einer langen Schlange rollen, alle hängen sich daran. Wer traut sich, die Augen zu schließen? Die anderen müssen gut auf die „Blinden“ achten.
- Kraft-Reaktionsspiele: akustisches Signal für Richtungen, z. B. Trommel für vorwärts, Becken für rückwärts, dabei das Tuch nicht auslassen.

Jugendliche

Bälle verschiedenster Beschaffenheit mit dem Schwungtuch nach oben werfen, wieder auffangen (alle), gemeinsam den Schwierigkeitsgrad steigern, raten wie viele Bälle zu schaffen sind.

Heilpädagogik *(Verhaltensauffällige Kinder)*

- Ruhige Wellenbewegugen mit dem Tuch können sehr entspannend wirken.
- Mehrere Luftballons (für jedes Kind einer) bewegen sich auf dem leicht schwingenden Tuch.
- Wer kann den eigenen Ballon mit den Augen begleiten?
- Alle Ballons werden heruntergeschüttelt (Sturm) und unter dem Tuch gefangen bzw. bewegt.
- Gegensätzliche Bilder von Windstille bis zum Gewitter und Orkan ausdrücken und in Bewegung umsetzen.
- Ein Kind darf dirigieren und sich verschiedene Wind- und Wellenstärken wünschen (zeigen, nicht reden!).
- Variation: Die Dynamik mit einem Instrument (leise – laut) verdeutlichen.
- Hände und Arme ausschütteln, dabei das Tuch nicht loslassen; erst ganz fest, dann immer leichter, bis der Wind sich legt.

Methodische Hinweise

Schwungtuch, Fallschirm oder Folie bieten unzählige Spielmöglichkeiten.

Das Schwungtuch reizt zum Agieren. Wichtig ist daher, dass bewusst ruhige Phasen eingebaut werden.
Ein zusätzlicher Spielanreiz beim Fallschirm ist die Öffnung in der Mitte (z. B. Ziel für kleine Bälle).
Abdeckfolie ist nicht reißfest, vorsichtiges Schwingen ist erforderlich. Reizvoll dagegen ist die Transparenz.

Kindergarten

Die Größe des Tuches muss der Anzahl und dem Alter der Kinder entsprechen. Schlaufen am Tuch erleichtern das Anfassen und Festhalten. Bunte Tücher und Fallschirme reizen stärker als einfarbige. Je jünger die Kinder, umso reißfester soll das Material sein, damit nicht ständig ermahnt werden muss.

Schulkindalter

Ruhephasen nicht vergessen; diese sollen in Beziehung zum Tuch stehen, z. B. sich drauflegen, sich damit zudecken ...
Das feste Tuch fordert zum Kräftemessen (Tauziehen) auf. Spielregeln entwickeln, nicht nach dem Motto „Wer ist der Stärkste“?, sondern mit der Intention „Gemeinsam sind wir stark“.
Das Tuch kann nicht nur ausgebreitet, sondern auch in anderer Form einbezogen werden (Schlauch, Zelt, Landschaft ...).

Heilpädagogik *(Verhaltensauffällige Kinder)*

Hier findet Arbeiten zwischen den Polaritäten „bewegt“ und „ruhig“ statt. Beides wird zugelassen bzw. eines ergibt sich aus dem anderen.
Die Körpersteuerung aus der (über)aktiven Bewegung in die Ruhe ist schwierig. Das Tuch ist Katalysator und macht Bewegung oder Ruhe deutlich sichtbar. Bilder und Vorstellungen erleichtern auch hier die Bewegungsarbeit.

2.3. Instrumente und Körperinstrumente

Instrumente

Die Spielformen werden schwerpunktmäßig am Beispiel der Trommel aufgezeigt. Mit den unzähligen Möglichkeiten, die die vielfältigsten Instrumente mit ihren Klangspektren bieten können diese Spielformen natürlich bereichert und erweitert werden. Die Instrumente können dabei auf unterschiedlichste Weise im Experiment entdeckt werden. Dadurch werden sie manchmal auch ganz unkonventionell bespielt. Die eigene Fantasie kommt hier buchstäblich ins Spiel ...

Spielformen zum Austeilen der Instrumente:

- Eine Handtrommel wird durch den Kreis gerollt. Ein zweites, drittes, viertes Instrument kommt dazu, bis jeder Teilnehmer eines hat.
- Variation: Ein Turm aus Handtrommeln steht in der Mitte des Raumes. Alle bewegen sich zur Musik so vorsichtig, dass der Turm nicht einstürzt. Jeweils nur ein Teilnehmer holt sich im Vorbeigehen ein Tamburin vom Handtrommelturm, ohne das Tempo zu verlieren. Die Instrumente werden auf verschiedene Art mitgetragen, wenn jeder eines hat, sucht er sich einen Platz und setzt sich hin.
- Jeder nimmt sich ein Instrument nach Wahl, im Kreis wird es vorgestellt. Man darf spielen, wie und so lange man möchte, die anderen hören zu. Danach werden die Klänge nach verschiedenen Kriterien (Holz, Metall, hell, dunkel ...) sortiert. Platz- und Instrumentenwechsel sind möglich.

Das Klangspektrum der Trommel erkunden:

- Die Trommel mit geschlossenen Augen betasten, Besonderheiten feststellen und beschreiben.
- Verschiedene Klangmöglichkeiten ausprobieren, z. B. mit den Fingern am Trommelfell reiben, kratzen, klopfen, mit der Handfläche darüberstreichen ...

Trommelturm

- Die Klangmöglichkeiten des Trommelrandes erproben (z. B. mit den Fingernägeln).
- Jeweils ein Teilnehmer gibt einen Klang vor, die anderen horchen mit geschlossenen Augen und versuchen dann, den gleichen Klang zu erzeugen.

„Punkte" und „Striche" spielen:

- Die Trommel mit den Fingern, der Hand oder der Faust anzuspielen (klopfen) erzeugt Punkte. Striche entstehen durch Streichen, Kratzen, Reiben mit den Fingernägeln, den Fingerspitzen oder der Hand.
- Eine Partitur aus Punkten und Strichen erstellen, aufzeichnen, auf der Trommel spielen.
- Eine Partitur in der Kleingruppe spielen. Ein Dirigent lässt die Partitur von der ganzen Gruppe spielen.
- Trommelgespräch ohne Worte (s. Fotos S. 28).

Bewegungsbeziehung:
An allen vier Ecken des Raumes stehen Spieler mit verschiedenen klingenden Instrumenten. Im Wechsel wird der Gruppe ein Tempo (Rhythmus) zum Bewegen vorgegeben. Manchmal spielen die Instrumentalisten zu zweit, zu dritt, zu viert, jeweils so viele Teilnehmer stellen Bewegungsbeziehung zueinander her.

Führen und Folgen:
Jemand schließt die Augen, ein Partner schlägt die Trommel an. Der „Blinde" versucht zu hören, woher der Klang kommt. Er schlägt seine Trommel in die Richtung an, in der er die Trommel vermutet, um ein Echo zu erzeugen. Diese Aufgabe kann auch in der Fortbewegung ausprobiert werden.

Kindergarten

- Wie viele Hände haben auf einer Trommel Platz?
- Eine Trommel wird im Kreis herum gegeben, jedes Kind darf das Trommelfell mit der Handfläche, den Fingern, dem Handrücken, der Wange befühlen. Man muss sich im Warten üben, bis das Instrument ankommt.
- Jetzt kann man Klangmöglichkeiten ausprobieren.
- Je zwei Kinder haben ein Instrument. Ein Kind spielt, das andere bewegt sich dazu.
- Jedes Kind hat eine Trommel und erfindet eine eigene Trommelsprache. Spielregel ist, dass die beiden Nachbarn dabei noch zu hören sind.
- Wir spielen „Mäusetrippeln“, „Elefantentanz“, vielleicht auch „Schlangenschlängeln“ und „Katzenschleich“ oder etwas ganz anderes.

Schulkindalter

Die Sprache der Trommeln (im Freien):

- Alle verteilen sich so, dass sie sich gerade noch sehen können.
- Ein Kind oder der Erzieher hat eine Trommel und versteckt sich damit, niemand weiß, wo sich der Trommelspieler befindet.
- Wer mag, schließt die Augen. Plötzlich beginnt die Trommel zu spielen und jedes Kind versucht, dem Klang näherzukommen.
- Das Instrument kann zwischendurch schweigen, wieder locken, laut oder leise klingen ...
- Jedes Kind hat eine Trommel, eines beginnt zu spielen. Von irgendwoher kommt das Echo. Es soll immer nur ein Instrument zu hören sein.

Jugendliche

Rhythmusspiele auf großen Fellinstrumenten (Bongos, Congas, Pauke, Trommel):

- Einer beginnt mit einem Metrum oder einem einfachen Rhythmus, andere steigen mit ihren Klängen bzw. Rhythmen ein, übernehmen den Grundrhythmus oder variieren.

- Konversation zwischen mehreren Trommeln.
- Aus einem großen Fass kann (gemeinsam) eine „steeldrum“ hergestellt werden.

Heilpädagogik *(Verhaltensauffällige Kinder)*

Spiel mit „laut und leise“:

- Zwei Trommeln spielen, die eine fragt, die andere antwortet. Jeweils mit dem Gegensatz antworten.
- Ein Dirigent wünscht sich nonverbal lautes und leises Spiel. Spielregel: Es spielen nur zwei oder drei Trommeln gemeinsam.

Die rhythmisch-kreative „Reise nach Jerusalem“

Die „Reise nach Jerusalem“ ist ein verbreitetes, allen bekanntes Spiel. Die rhythmisch-kreative Version verzichtet auf das Ausscheiden, sie setzt aktive Gegenakzente, die Langsamen geben vorübergehend den Ton an. So ist die gesamte Gruppe immer im Spiel.

Vorarbeit zum Kennenlernen der Instrumente:

- Jeder sucht sich ein Instrument aus und darf so lange damit spielen, wie er möchte, dann kommt der nächste an die Reihe. Welche Instrumente sind dem Namen nach bekannt, welche nicht? Welche Klänge wirken auf mich angenehm, welche nicht? Warum?
- Die Instrumente in einer Ecke des Raumes deponieren. Teppichfliesen, Reifen oder Holzklötze werden im Raum verteilt, für jeden Teilnehmer eines, aber insgesamt eines weniger als Mitspieler.
- Der Anleiter oder ein Teilnehmer spielt auf einem Instrument nach Wahl, die anderen bewegen sich dazu. Wenn die Musik endet, stellt sich jeder auf oder in eine Bodenmarkierung.
- Einer bleibt übrig und scheidet *nicht* aus, sondern wählt ein Instrument aus, übernimmt die Bewegungsbegleitung und bestimmt so Anfang, Ende und Tempo.

- Das Spiel geht weiter, die Bodenmarkierungen werden nach und nach weggenommen. Die Orchestermusiker werden mehr, die Instrumente passen sich dem jeweils aktuellen Klang an, die Bewegten werden immer weniger.
- Der letzte darf zur Belohnung von seinem Platz aus das gesamte Orchester durch Gesten zum Erklingen bringen.
- Die Dirigenten können wechseln und die Instrumentalisten können die Instrumente tauschen.

Methodische Hinweise

Handtrommeln mit den Händen spielen, nicht mit dem Schlägel. Die Hände haben mehr Spielmöglichkeiten und können auf viel differenziertere Weise Klänge erzeugen.

Kindergarten

Die benötigten Instrumente erst dann hervorholen, wenn sie gebraucht werden. Trommeln haben großen Aufforderungscharakter. Signale (akustisch, visuell) vorher vereinbaren, um zwischendurch Ruhe herstellen zu können.

Schulkindalter

- Klangmöglichkeiten und Materialgrenzen deutlich machen.
- Aufeinander hören ist unerlässlich.
- Bei der Planung daran denken, dass Trommeln laute Instrumente sind.
- Gemeinsam entwickelte Spielregeln und Spielformen, die das Zusammenspiel steuern, sind wesentlich sinnvoller als ständige Ermahnungen.

Jugendliche

Oft faszinieren besonders fremdländische Rhythmen (z. B. karibische ...); Gespräche über Urlaub, Träume entstehen hier ganz ungezwungen.
Es gibt viele Möglichkeiten attraktive Trommeln selbst herzustellen. Fachliteratur, Fortbildungen oder den eigenen Kopf zu Rate ziehen.

Heilpädagogik

- Die Spielregel des Ausscheidens ist im Hinblick auf Lernerfahrung meist vollkommen unlogisch. Die Langsamen, Ungeschickten, Unsportlichen scheiden dabei oft sehr früh aus und haben daher selten die Möglichkeit dazuzulernen, zu üben, schneller oder geschickter zu werden.
- Musikalisch bietet diese variierte Spielform das leistungs- und stressfreie Ausprobieren von Instrumenten, Spielweisen, Klängen. Alles ist richtig, keiner spielt falsch.
- Die sich Bewegenden sollen in jeder Spielsequenz auf ein anderes Instrument hören und die verschiedenen Klänge differenzieren. Die Bewegungsformen werden durch die unterschiedlichsten Begleitungen vielgestaltig.

Küchen- und Alltagsinstrumente

Geräte und Materialien aus Küche und Haushalt bieten vielfältige Klänge und Geräusche. Hier eine kleine Auswahl: Topfpercussion und Pfannensound, Backherdgitterguiro und Kochlöffelklangstäbe, Löffelkastagnetten und Gläserglockenspiel, Eierschneiderratsche und Knoblauchpresseklapper, Reisdosenrassel und Alufoliengeraschel.

Waschbrettmusik

Mögliche Spielformen:

- Jeder bringt ein Instrument mit, dieses wird nicht gleich gezeigt, sondern am Klang erraten (Augen schließen, sich umdrehen).
- Ähnliche Klänge sortieren und beschreiben, mit echten Instrumenten vergleichen.
- Küchenmusik-Improvisation.
- Wie bewegt man sich zum Flaschenklang?
- Lied(begleitung) aus der Küche.
- Klingende Geschichten aus der Küche.
- Variationen: Badezimmersound, Wohnraumorchester, ein Frühstücksmusical.
- Rezepte-Rap.

Methodische Hinweise

Klangmöglichkeiten gibt es im ganzen Haus zu entdecken.
Spielformen lassen sich nach entsprechender Einführung mit allen Zielgruppen erfinden. Die Differenzierung nach Zielgruppen betrifft natürlich auch den Einsatz bestimmter Materialien. Es versteht sich von selbst, dass gefährliche Geräte keine Klangkörper sind. Lieder lassen sich mit Alltagsklängen und „Hausinstrumenten" gut begleiten.

Heulschläuche

Heulschläuche sind gerippte Plastikrohre, ursprünglich biegsame Verkleidungen für elektrische Leitungen. Man kann sie in vielen Farben im Spiele- oder Musikfachhandel kaufen oder auf Isolierrohre in schwarz oder weiß zurückgreifen.

- Interessant ist es, die Heulschläuche zuerst bei geschlossenen Augen mit den Händen zu betasten und sich mit der Form vertraut zu machen. Dabei entstehen die ersten Geräusche.
- Die Rippen geben beim Darüberstreifen ein ratschendes Geräusch.
- Man braucht viel Platz, wenn man die Heulschläuche zum Singen bringen will. Sie werden an einem Ende gehalten und dann wie ein Lasso in der Luft geschwungen. Je stärker die Drehung ist, umso höher ist der Ton.

- Ein schwingendes Rohr weitergeben, ohne den Klang zu verlieren.
- Es kann mehrstimmig zusammen gespielt werden. Kombinationen aus Tönen und Ratschgeräuschen können sich ergeben.

Weitere Möglichkeiten:

- Das Rohr als Telefon benützen. Einer spricht oder singt in den Heulschlauch, der andere hält sich ein Ende an das Ohr.
- Eine lange Telefonkette bilden.

Methodische Hiweise

- Der Klangteppich der schwirrenden Töne kann sehr intensiv und aufregend werden. Die Klangwirkung auf die Teilnehmer beachten und Pausen einlegen.
- Mit den Schläuchen hoch in die Luft spielen, neben dem Körper besteht größere Verletzungsgefahr.
- Heulschläuche können gut im Freien verwendet werden. Wenn nicht so viel Platz vorhanden ist, einzelne verwenden und weitergeben.

Körperinstrumente (Bodypercussion)

Das Musikmachen basiert hier zunächst auf den üblichen, in der Musikerziehung bekannten Formen wie Klatschen, Patschen, Schnipsen etc. In der Rhythmik steht jedoch das Experimentieren im Vordergrund; es ist also alles möglich, was möglich ist (Behinderungen, Senioren mit körperlichen Einschränkungen) und was gewollt ist (sehr persönliche Erfahrungen, und dadurch teilweise enge Grenzen, vgl. Jugendliche mit sehr individuellen Einstellungen zu ihrem eigenen Körper). Die Anforderung kann bis zu schwierigsten Rhythmen und Bewegungsfolgen gesteigert werden, allein oder in der Gruppe (s. auch Kapitel 2.4. Körper und Sinne S. 75).

Das Körperorchester (Bodypercussion)

Die Klangmöglichkeiten des Körpers zu erproben kann viele unterschiedliche Aspekte berühren. Im folgenden Beispiel steht der leichte Massageeffekt, das Aufwecken, Wahrnehmen und Warmmachen der einzelnen Körperteile im Vordergrund.

- Jeder Teilnehmer klopft sich im Stehen vom Kopf bis zu den Zehen mit leichten, weichen Schlägen ab: Wo ist es angenehm, wo muss man vorsichtig sein? Wo kann man intensiver und stärker klopfen, wo nur ganz sanft?
- Der Körper klingt nicht an allen Stellen gleich. Ausprobieren, wie z. B. die Wangen, der Bauch, die Oberschenkel, die Hände klingen.
- Jemand wünscht sich eine Spielart auf einem bestimmten Körperteil (z. B. mit den Handflächen auf den Rücken trommeln), alle spielen mit.
- Wechselspiel: Abwechselnd klopft nur einer, dann klopfen alle zusammen.
- Der Grundrhythmus wird von allen gespielt, ein Solist tritt hörbar hervor, das Orchester spielt leiser.
- Interessant ist in jedem Fall, wie verschieden die einzelnen Körperteile „gestimmt" sind, das reicht vom dunklen, hohlen Klang des Bauchraumes, bis zum hellen, kurzen der Zähne.
- Diese Aufgabenstellung kann auch zur musikalischen Arbeit mit dem Rhythmus hinführen (Klanggesten).

2.4. Körper und Sinne

Ich entdecke meinen Körper

„Den Körper zum Lächeln bringen.“ (aus dem Tao)

Der eigene Körper als Wahrnehmungs- und Übungsobjekt ist Grundlage jeder rhythmisch-kreativen Arbeit. Die Bewusstheit für den ganzheitlichen Ansatz, für die enge Verbindung von Körper, Geist und Seele soll vertieft werden.

Körperkontakt, Körperwahrnehmung

Beispiel „Körperreise“:
Bei dieser Wanderung durch den Körper geht es vorrangig darum, die Befindlichkeit der einzelnen Körperteile zu beobachten, ohne die gewählte Haltung merklich zu ändern. Muskelspannungen, Anspannungen werden spürbar.

- Sich einen Platz im Raum bewusst aussuchen, den Platz mit Matte oder Decke kennzeichnen.
- Eine angenehme Stellung (Haltung) einnehmen (liegen, sitzen ...), in der man einige Zeit verharren kann. Die Stellung dabei so wenig wie möglich verändern.
- Das Bewusstsein in die Füße leiten: die Auflagefläche spüren, Fußsohlen, Zehen, Fersen, Fußgelenke wahrnehmen.
- Etwas höher wandern. Sind die Waden angespannt, die Knie durchgestreckt, gebeugt, die Oberschenkel schwer, locker?
- Wie schwer liegt der Beckenbereich auf dem Boden?
- Wie geht es dem Bauch? Kann er sich beim Atmen gleichmäßig heben und senken? Drückt der Hosenbund?

- Wahrnehmen von Rippenbogen und Brustkorb.
- Welche Auflagefläche hat der Rücken? Ist irgendwo Druck oder Spannung zu spüren?
- Die Gedanken in den Schulterbereich senden. Wo setzen die Arme an?
- Zuerst den linken Arm bis zur Hand hin durchspüren. Die Hand bewusst wahrnehmen: Auflagefläche, Stellung der Finger, Handfläche, Handrücken. Danach wieder zurückwandern. Ebenso mit dem rechten Arm verfahren.
- Wahrnehmung der Schultern und des Halses. Oft sitzen hier Anspannungen.
- Die Körperwanderung hat ihren höchsten Punkt erreicht. Den Kopf, seine Auflagefläche, einzelne Teile des Gesichts, Kinn, Nase, Wangen, Augen und Ohren spüren.
- Nochmals kurz Größe und Stellung des Körpers wahrnehmen.
- Sich strecken, räkeln, wenn nötig die Stellung ändern.

Körperwahrnehmung mit Musik:
- Einzelne, länger klingende Töne werden angespielt (z. B. mit Metallophon oder Gitarre).
- Solange der Ton vernommen wird, soll ein Körperteil in Bewegung sein, wenn nichts mehr zu hören ist, wird auch die Bewegung gestoppt.
- Sich jede neue Haltung bewusst machen, dabei ganz langsam zum Sitzen kommen.

Kindergarten

- Begrüßungsformen: Welcher Körperteil möchte besonders begrüßt werden?
- Jedes Kind darf sich wünschen, wie diese Begrüßung sein soll (zart, leise, fest ...).
- Eine einfache Form (Kreis, Dreieck, Strich) wird auf die Hand eines Kindes gezeichnet, diese überträgt das Kind wieder in die Hand des Anleiters.
- Wir begrüßen uns mit „Gummiarmen“ (locker) oder mit „Holzarmen“ (steif).

Füße:
- Man kann sich auf die Füße eines Erwachsenen stellen, ein Stück mitgehen (kleine, große Schritte).

- Lied: „Zeigt her eure Füße, zeigt her eure Schuh und sehet den lustigen Filzpantoffeln (Ringelsöckchen ...) zu! Sie tanzen (schleichen, hüpfen ...), den ganzen lieben Tag."
- Die Kinder dürfen die Füße verkleiden, dann wird das Lied nochmals gespielt und gesungen.
- Verabschieden der Füße.

Schulkindalter

Körpermalen:

- Einen Partner auswählen, einer malt dem anderen mit den Händen ein Bild auf den Rücken (Anregungen geben: dicke Punkte, Linien, Flächen).
- Der Bemalte kann das Rückenbild gleichzeitig oder anschließend auf Papier übertragen (s. auch Foto S. 151 rechts).
- Den Körperumriss auf dem Boden oder auf einer Matte mit Seilen legen, mit Kreide malen, mit Tennis-, Plüsch- oder Igelbällen umrollen. Vorsichtig aus dem Umriss heraussteigen (s. auch Fotos S. 82).
- Die Figur nach dem Heraussteigen mit verschiedenen Materialien ausfüllen, Körperteile benennen.
- Wärme- und Kältezonen unterscheiden.
- Welches Material, welche Farbe, welche Form nehme ich für einzelne Körperstellen? Wer passt noch in meinen Umriss?

„Geschickte Füße":

- Balancieren auf verschiedenen Unterlagen, auf einem dickem Tau, auf dünnen Seilen, auf Holzklötzen. Welche Unterlage mögen die Füße?
- Fußpfad: Gemeinsam einen langen Weg mit den unterschiedlichsten Materialien legen; einzeln gehen, dann zu zweit, mit offenen und geschlossenen Augen (Hilfestellung!).
- Verschiedene Spielformen erfinden, Stationen einrichten.
- Den Weg hörbar machen.

Jugendliche

Anregung zum Tanzen mit bloßen Füßen, vor allem zu entsprechend ausgewählter Musik (z. B. Trommelrhythmen, Afrodance).

Heilpädagogik *(Geistige Behinderung)*

- Ein Sandsäckchen (vorgewärmt) wird auf verschiedene Körperteile gelegt, die Körperteile können benannt werden.
- Das Säckchen kann mit leichtem Druck bewegt werden.
- Ein Ball wird über einzelne Körperteile, entlang des Körperumrisses, über den ganzen Körper gerollt. Dabei kann gesungen oder gesummt werden. Vielleicht gibt es eine Lieblingsmelodie?
- Auf einen Berührungsreiz von Seiten des Erziehers (massieren, leicht klopfen) kann eine Bewegungsreaktion des Kindes erfolgen.

Füße:
Füße sind höchst sensible Körperteile, auch wenn sie die meiste Zeit des Tages in Schuhen versteckt sind.

- Verschiedene Fortbewegungsarten ausprobieren. Tempo, Schrittgröße und Dynamik ändern. Die Füße spielen lassen (trippeln, stampfen ...).
- Verschiedene Fußteile besonders belasten.
- Den Zusammenhang zwischen Gangart, Bewegung der Füße und Körperhaltung beobachten, bei sich selbst, bei den anderen.
- Ein Instrument regt eine bestimmte Gangart an. Jeder kann eigene Ideen entwickeln.
- Erspüren der Füße im Liegen. Die Füße werden aufgestellt, Fußsohlen sind am Boden. Welche Teile des Fußes sind spürbar, welche wenig? Sind sie kalt, warm, angespannt?
- Mit den Füßen am Boden spielen (schleifen, stampfen ...) den Platz rund um die Matte erkunden.
- Kontakt zu den Füßen anderer Teilnehmer aufnehmen, auf diese Weise einen Partner suchen.
- Die Füße spielen miteinander; dabei kann viel, wenig oder gar kein weiterer Körperkontakt zu Stande kommen. Kräfte messen, sich vom Platz wegdrücken.
- Beim Aufstehen bleiben die Füße in irgendeiner Form in Verbindung.
- Kleingruppenarbeit: ein kleines „Fuß-Theater" entwickeln, ein Vorhang z. B. lässt nur die Füße sichtbar werden.
- Füße be- oder verkleiden (verschiedene Socken, aber auch Tücher, Handschuhe, Schuhe ...), Füße bemalen.
- Füße (Socken) erraten.

Methodische Hinweise

- Bei Körperkontaktübungen behutsam vorgehen und auf Abwehrreaktionen achten.
- Bewusst machen, für welche Teile des Körpers z. B. das Beklopfen angenehm bzw. unangenehm ist. Die Aufgabe ist eine gute Vorbereitung für Partneraufgaben mit Körperkontakt und massageähnliche Übungen.
- Die intensive Beschäftigung mit den Füßen, sei es bei Wahrnehmungs- oder Gestaltungsaufgaben, ist ein interessantes Aufgabengebiet. Vorstellungshilfen unterstützen die Teilnehmer ebenso wie reale Hilfsmittel (Fußtastwege).

- Eine „Körperreise“ kann sehr entspannend sein, ihr Ziel ist jedoch nicht die Tiefenentspannung, sondern die sensibilisierte Aufmerksamkeit für die eigene Befindlichkeit.
- Wichtig ist das bewusste Auswählen des eigenen Platzes.
- Der Raum soll eine angenehme Temperatur haben, den Teilnehmern darf nicht kalt sein. Evtl. Vorübungen (Bewegung) zum Aufwärmen machen.

- Die Zeiteinschätzung bei Körperübungen ist für den Anleiter oft schwierig, da jede Person ihren eigenen Rhythmus hat. Es empfiehlt sich, sich an den langsameren Teilnehmern zu orientieren. Das Zeitausfüllen beim Warten kann geübt werden.
- Eine störungsfreie Atmosphäre ist sehr wichtig.
- Hintergrundmusik, und sei sie noch so „meditativ“, ist bei diesen Übungen nicht sinnvoll. Die Konzentration auf sich selbst soll nicht durch Musik beeinträchtigt werden. Die Rolle der Musik darf auch bei ruhigen Aufgaben nicht die einer Berieselung sein.
- Die Stimme des Anleiters spielt eine große Rolle (individuelle Empfindung!).
- Fragestellungen und Hinweise vorher überlegen, trotzdem spontan bleiben, nicht an einem Fragenkatalog hängen, schon gar nicht ablesen. Der Anleiter sollte die Gruppe bzw. die einzelnen Teilnehmer immer im Blickfeld haben.

Kindergarten

- Bei den Begrüßungsformen kann der Erzieher schnell sehen, wie viel Körperkontakt gewünscht ist, wie bekannt die einzelnen Körperteile sind, ob und wie viele benannt werden können. Manche Kinder möchten den ganzen Körper begrüßt haben (führt fast zur Massage), manche wollen nicht berührt werden. Kinder nicht zu Körperkontakt drängen, aber bei Bedarf Nähe vermitteln!
- Mit den Füßen kann man gut spielen, vor allem barfuß, wenn der Boden warm genug ist.
- Kinderlieder, Verse oder Geschichten regen zum Fußtheater an.
- Sich über mögliche Fußprobleme der Kinder informieren.

Schulkindalter

- Körperumrisslinien ermöglichen ein differenziertes Bild des eigenen Körpers, man kann über die eigene Größe staunen (s. Fotos S. 82). Das Ausfüllen der Umrisse kann dem Erzieher oft Aufschluss über die momentane Befindlichkeit des Kindes geben. Doch Vorsicht vor Interpretationen und unangebrachtem Psychologisieren!

- Der Rücken bietet eine große Malfläche, er ist nicht zu empfindlich, klare Formen können deutlich wahrgenommen werden. Größenverhältnisse verzerren sich jedoch manchmal.
- Kinder lieben Geschicklichkeitsübungen mit den Füßen, viele Spiele beweisen das: Balancieren, Gummitwist, Skateboard, Inlineskates.
- Auch Füße können lernen, noch empfindsamer, sensibler zu werden.
- Fußtastpfade sind eine gute Übung und können ganz unterschiedliche Dimensionen annehmen, von einer „sparsamen" Variante im Raum bis zum ausgeprägten Wanderpfad im Freien. Es soll darauf geachtet werden, dass bei den Aufgaben keine „bösen Überraschungen" auftauchen (sehr kaltes Wasser u.a.), besonders dann, wenn sich die Kinder mit geschlossenen Augen bewegen.
- Für Wasch- und Aufwärmmöglichkeiten sorgen.

Jugendliche

Jugendliche haben häufig ein zwiespältiges Verhältnis zu ihrem Körper, sie finden sich oft entweder hässlich, dick, unattraktiv (und) oder stark und unwiderstehlich. Diesem schwierigen Zustand muss bei Körperübungen Rechnung getragen werden. Nicht über-

Mein Schatten, mit Körperumrisslinie

oder unterfordern, nicht werten, keine Anspielungen auf körperliche Besonderheiten machen. Körperübungen nur dann miteinbeziehen, wenn die Bereitschaft dazu vorhanden ist.
Der Wunsch nach Individualität einerseits und nach intensivem Gruppengefühl andererseits bildet oft einen scharfen Kontrast.
Die Geschlechterrolle und die damit verbundenen Bedürfnisse, Vorlieben, Abneigungen und Grenzen müssen unbedingt berücksichtigt werden.
Eine Möglichkeit ist z. B. Schattenumrisse statt Körperumrisse zu legen (s. Fotos S. 82). Hier ist ausreichend Abstand gewährleistet.

Heilpädagogik

Bei behinderten Menschen bedeutet Körperarbeit vor allem, in Kontakt mit sich selbst zu treten, die eigenen eingeschränkten Bewegungsmöglichkeiten zu erkunden, zu erweitern und dadurch allmählich Selbstständigkeit zu erfahren, selbstbewusster zu werden, vom passiven Erleben zum aktiven Mitgestalten zu kommen. Über den Körper soll Kontakt zur Umwelt aufgebaut und intensiviert werden.
Die Erwartungen der Erzieher dürfen nicht vorprogrammiert sein. Es muss immer beachtet werden, dass das Ziel nicht „therapieren“, sondern „unterstützen“ heißt.

Senioren

Es ist für viele Menschen nicht einfach sich mit den körperlichen Veränderungen des Älterwerdens zurechtzufinden. Ein Hineinspüren und (achtsames, liebevolles, ehrliches) Auseinandersetzen mit dem eigenen Körper kann Spannungen lösen und ein entspannteres Verhältnis zum eigenen Körper fördern. Große Sensibilität ist hier nötig, um auf individuelle Bedürfnisse sinnbringend eingehen zu können.

Ich entdecke meine Sinne

Kann man Stille hören, sehen, fühlen?
Die Reizüberflutung, der wir alle, ob jung oder alt, ausgesetzt sind, verhindert oft das differenzierte Aufnehmen und Verarbeiten von Sinneseindrücken.

Sehen

„Blicke können töten, heilen, locken, staunen, mächtig sein, kein Sinnesorgan ist wie das Auge. Es nimmt nicht nur wahr ..., es sendet auch Signale aus, – Blicke voll Liebe und Hass. Es ist die Einzigartigkeit das Auges, dass es passiv und aktiv zugleich ist.“
(Zeit Magazin, 22.11.1996)

Übungen zum:
- Beobachten, Wahrnehmen, Nachahmen, Imitieren
- Spiel mit dem Nicht-Sehen (z. B. bewusstes Erleben, wie andere Sinne die Rolle eines „defekten“ Sinnes übernehmen)
- Spiel mit Farben, Spiel mit Formen, Spiel mit Licht und Schatten

Beispiele:
- Während des Durcheinandergehens im Raum soll nur über Blickkontakt ein Partner gesucht werden. Der Blickkontakt soll nicht verloren gehen, auch wenn Abstand und Tempo wechseln.
- Bunte Herbstblätter werden gesammelt, im neuen Raum verteilt auf den Boden gelegt. Alle bewegen sich zur Musik in Kurven, Bögen, Schlangenlinien um die Blätter herum. Bei Musikende nimmt jeder das Blatt, das ihn am meisten anspricht. Die Blätter werden nebeneinander gelegt, betrachtet, gemischt. Das eigene Blatt soll im Blätterberg wiedererkannt werden.

- Der Raum ist verdunkelt, ein oder mehrere Teilnehmer haben Taschenlampen, die auf Signal einzeln, der Reihe nach oder alle zugleich angeknipst werden.
- Die Lichtpunkte können einander „fangen“, dadurch größer werden, sich gruppieren (Lichtbündel), einander den Weg zeigen, sich zur Musik bewegen. Schatten entstehen und spielen miteinander.

- Alle bewegen sich durcheinander zur Musik. Auf ein Signal oder bei Musikstopp bleiben alle stehen und überprüfen die Abstände zueinander. Während des Bewegens möglichst alle anderen im Blickfeld haben.
- Wenn jemand stehen bleibt, sollen sofort alle anderen stoppen. Jemand beginnt zu gehen, alle bewegen sich wieder.
- Derjenige, der sich als erster weiterbewegt, bestimmt Bewegungsart bzw. Tempo für alle.
- Variation Hören: Die Reaktion zum Stehen und Gehen erfolgt über akustische Signale (Stimme, Stampfen, Klatschen, Instrument ...).
- Variation Fühlen: Die Reaktion erfolgt z. B. über Berührung: Der Impuls wird deutlich oder versteckt geben.

Variation Kaleidoskop:
- Alle bewegen sich durcheinander im Raum, auf ein Signal oder bei Musikende bleiben alle stehen. Wie sieht die Verteilung im Raum aus, ergeben sich bestimmte Muster?
- Gleichzeitig mit dem Signal wird eine Form (Dreieck, zwei Kreise, fünf Reihen ...) gerufen und von der Gruppe gebildet.

- Sitzen im Kreis. Ein Kaleidoskop wird weitergegeben. Durchschauen, drehen, beschreiben, was zu sehen ist.
- Mehrere Kaleidoskope, wenn möglich für jeden Teilnehmer eines, werden verteilt. Zeit geben zum Betrachten der Muster und zum Austauschen der Eindrücke.
- Erneute Bewegung im Raum. Jeder stellt sich vor, ein buntes Teilchen im Kaleidoskop zu sein. Ein Klang (Rassel, Cabasa, Schellenring ...) macht das Durcheinanderwirbeln deutlich. Wenn der Klang endet, bilden die Teile blitzschnell ein Muster.
- Gespräch: Welche „Muster" kenne ich an mir (Bewegungs-, Verhaltens-, Kommunikationsmuster)?

Variation Oktoskop:
Wenn man durch ein Oktoskop schaut, teilt sich das Bild in acht (sechzehn) Teile.
Alle sitzen im Kreis, einer beginnt mit langsamer Bewegung, alle versuchen möglichst gleichzeitig, die Bewegung (wie im Spiegelbild) mitzumachen, auch im Stehen, im Sitzen.

Kindergarten

Bilder legen:
- Sausen zur Musik. Zum Musikende werden Aufgaben gerufen, z. B. zwei Kinder geben sich die Hände, alle setzen sich hin ...
- Mehrere Kissen werden als Muster aufgelegt (Kreis, Schlange, Blume ...), bei Musikende steht jedes Kind auf einem Kissen.
- Aus bunten Glassteinen, Tüchern, Bausteinen kann ein Muster gelegt werden.
- Während ein Instrument klingt, kann das gemeinsame Bild von einem Kind, von zweien gleichzeitig, von allen gleichzeitig oder nacheinander verändert werden.

Schulkindalter

- Durch die verschiedenen Geräte durchschauen. Kaleidoskope, Oktoskope und Spektroskope austeilen, evtl. bei geschlossenen Augen, und das Material zunächst befühlen lassen. Was ist der Unterschied? Welches gefällt mir am besten? Warum?

- Die beobachteten Muster mit verschiedenen Materialien legen oder auf große Papierbögen malen. In Bewegung umsetzen.

Jugendliche

- Eine bequeme Haltung einnehmen. Das Betrachten der Muster im Kaleidoskop zum Entspannen nutzen.
- Mandalas als Weiterführung zeichnen, malen, legen, mit buntem Sand gestalten.

Heilpädagogik

- Materialien sortieren, Bilder legen.
- Den verschiedenen Materialien Klänge oder Farben zuordnen.

Methodische Hinweise

Kaleidoskope, Oktoskope oder Spektroskope kann man in vielen Ausführungen im Fachhandel kaufen. Sie bieten Anschauungsmaterial für viele Aufgabenstellungen.
Für Erwachsene kann das Betrachten der bunten, abstrakten Formen und die Tatsache, dass man sich dafür Zeit nehmen darf, stressmildernd wirken und zu anderen Formen ästhetischen Tuns (z. B. Mandala zeichnen, legen ...) hinführen.
Das begleitende Nachdenken über eigene Grundmuster kann für Einzelne sehr aufschlussreich sein.

Kindergarten

Ein gemeinsames Bild zu verändern, kann eine schwierige Aufgabe sein, vor allem dann, wenn die Kinder ihren eigenen Anteil nicht verändert haben wollen. Oft ist das Ergänzen oder Ausbauen sinnvoller als das Wegnehmen.
Die Kinder haben oft ein gutes Gespür dafür, ob ein Bild „komplett" ist, wann es „stimmt".
Nicht unter allen Umständen Veränderungen anregen.

Jugendliche

Muster entstehen aus vielen Einzelteilen. Dieses Grundprinzip kann auch auf andere Situationen übertragen werden: Ein Muster aus Klängen ergibt ein Klangbild, eines aus Materialien ein Tastbild, ein Muster aus Gewohnheiten und Eigentümlichkeiten ein Verhaltensbild …

Hören

„Nicht-Sehen trennt den Menschen von den Dingen.
Nicht-Hören trennt den Menschen vom Menschen." (Immanuel Kant)

Übungen zum:

- Hören, Hinhören, Zuhören
- Differenzieren von musikalischen Eindrücken
- Erkennen musikalischer Grundordnungen (z. B. Metrum, Takt, Rhythmus, Phrasen, Pausen, Notenwerte, musikalische Formen)
- Spielen mit Höreindrücken
- Erfahren der Verbindung von Hörorgan und Gleichgewichtsorgan

Die Füße als „Rettungsdeckenmusiker"

Naturrassel und Orgelpfeifchen unterhalten sich

Beispiele:

- Die Augen schließen. Verschiedene Bälle (Tennisball, Gummiball, Medizinball) werden von einer Person auf den Boden geworfen, an die Wand geprellt oder von Hand zu Hand gespielt. Es soll geraten werden, wie viele und welche Bälle im Spiel sind und wie sie gespielt werden.
- Einer beginnt, ein gleichmäßiges Tempo (Metrum) zu gehen oder zu klatschen, die anderen setzen allmählich nacheinander ein. Das Anschwellen des Klanges soll wahrgenommen werden. Ein Begleitinstrument (Trommel, Klanghölzer) kann den Höreindruck verstärken. Die musikalischen Fachbegriffe *crescendo* (Anschwellen des Klanges) und *decrescendo* (Abschwellen des Klanges) werden so verdeutlicht.
- Wir hören verschiedene Klänge, Geräusche. Nach dem Differenzieren und Beschreiben versucht jeder, einen Höreindruck graphisch auf je zwei Kärtchen zu malen. So entsteht ein Memory®-Spiel, das von der Gruppe gemeinsam gespielt werden kann. Die Klänge und Geräusche, die aufgezeichnet sind, kann man wiederum akustisch umsetzen.

„Moment-Hörspiel“:
Jeder sucht sich eine bequeme Stellung (liegen, sitzen, aneinander lehnen).
Zunächst einmal geschieht gar nichts. Es werden keine Geräusche erzeugt, keine Klänge oder Musik gespielt.

- Jeder hört nur auf die Geräusche, die vorhanden sind: atmen, ein Magen knurrt, jemand hustet; man kann Schritte, einen Vogel, ein Flugzeug hören. Je nach Situation, Gruppe, Stimmung wird es ein kurzes oder langes, ein interessantes, spannendes oder beruhigendes Hörerlebnis.
- Einzelne Klänge suchen und nachahmen, verstärken, verfremden.

Variationen: Themen wie Raumklänge, Stimmen, Zoo, Bahnhof ...

- Es können sich Klanggeschichten entwickeln, man kann sie aufnehmen und wieder abspielen oder auch Ratespiele erfinden. Wer hört den sich drehenden Reifen? Wem gehört diese Stimme?

- Differenzierte Unterscheidungen z. B. von Alltags-, Natur- oder künstlichen Geräuschen, von Gegensätzen wie leise, scharf, sanft ...
- Richtungshören: Woher kommt ein Klang?

Methodische Hinweise

Horchen, Hören, Lauschen, Zuhören sind Tätigkeiten, die sowohl Kindern, als auch Erwachsenen selbstverständlich und einfach erscheinen, es aber nicht sind. Gehörbildung beginnt nicht mit dem Unterscheiden von Dur und Moll oder von Intervallen und Notenwerten, sie fängt beim Horchen-Können, beim genauen Hinhören an.

Tasten, Spüren, Fühlen

„Ich begreife das einfach nicht ...“ (beliebter Stoßseufzer, nicht nur bei Schülern)
„Berührung ist ein äußerliches Geschehen, das im Inneren nachwirkt.“
(H. Doblhofer, ORF-Nachlese, Juni 1997)

Berühren, Tasten, Spüren, Greifen und Fühlen ermöglicht, einen intensiven Zugang zu den Dingen, zur Umwelt und zum eigenen Körper zu bekommen. Im Umgang mit Materialien ist es immer von Bedeutung, sich diese über möglichst viele Sinne bekannt zu machen.

Übungen zu:

- Fühlen, Spüren
- Tasten, Greifen, Halten
- Temperaturempfindungen
- Körperkontakt
- Spannungsverhältnisse des Körpers
- Kraft
- Körperlage in Ruhe und Bewegung

Beispiele:

- Im Kreis wird ein leichter weicher Gegenstand (Seidentuch, Plüschball, Feder ...) weitergegeben. Wer mag, kann die Augen schließen. Es folgt etwas Kantiges, Hartes (z. B. ein Holzklotz), dann etwas Kühles, Kleines, Rundes (z. B. eine Glaskugel). Die Dinge können auf verschiedene Weise angenommen und übergeben werden.

„Begegnung der Fühlerwesen“:

- Durcheinanderbewegen im Raum.
- Zunächst großen Abstand zu den anderen halten.
- Die Abstände immer mehr verringern, manchmal jemanden im Vorbeigehen streifen.
- Die Augen schließen, sich blind im Raum bewegen. Arme und Hände können wie „Fühler“ benützt werden, die Füße ertasten den Weg. Unebenheiten, Hindernisse wahrnehmen.
- Auf ein Signal zum Stehenbleiben, vorsichtig und möglichst ohne Lautäußerung einen Partner bzw. dessen Hand suchen. Die Hand berühren, betasten, Merkmale feststellen, den Partner erraten, dann erst die Augen öffnen; Erfahrungsaustausch.
- Variation: Ein „Blinder“ betastet mehrere Hände und errät einzelne Mitspieler.

„Materialkorb“:

- In einem großen Korb, einer Schachtel, einem Sack werden viele verschiedene Materialien gesammelt (auch mehrere von einer Sorte).
- Einzelne, mehrere oder alle Teilnehmer greifen in den abgedeckten Korb, fühlen, spüren, tasten und wählen Dinge aus. Wenn nur eine Person hineingreift, kann sie die Dinge besser fühlen, wenn alle gleichzeitig wühlen, kann man noch viele andere Hände spüren.
- Die Dinge im Tastkorb können gemeinsam gesammelt oder als Überraschung versteckt werden. Die Materialien müssen angenehm und interessant zum Befühlen sein. Auf keinen Fall dürfen sie ekelig, verderblich oder gefährlich sein. Tipp für die Erzieher: die Dinge zuerst selbst ausgiebig „begreifen“.

„Tastwege“:

- In Greifhöhe sind entlang der Wände oder quer durch den Raum Fäden gespannt, an denen man sich mit geschlossenen oder offenen Augen entlangtasten kann. Stationen mit besonderen Merkmalen (z. B. ein Spinnennetz aus Wolle, eine klingende Ecke ...) können spannende Rastplätze sein.
- Parallel zum Tastweg für die Hände könnte ein Tastweg für die Füße laufen.
- Im Freien ist die Tastaktion womöglich noch viel interessanter.

Das Tastmaterial kann ideengebend für verschiedenste kreative Spielformen sein.

Kindergarten

Mit Kindern im Elementarbereich kann man Tastschachteln gestalten, sie bemalen oder bekleben. Die Kinder können in eigenen Tastschachteln ihre Lieblingsspürsachen aufbewahren.

Methodische Hinweise

Aufgabenstellungen, die Berührungen einschließen, müssen von den Teilnehmern individuell gestaltet werden können. Die persönlich benötigte Distanz sollte gewährleistet sein (ausweichen dürfen).

- Das Händeratespiel nicht in Anfangssituationen und nur auf freiwilliger Basis einsetzen. Intensives Berühren kann angenehm, aber auch sehr unangenehm sein.
- Beim blinden Bewegen sollte sich der Körper auf Zusammenstöße einstellen, sich dafür weich und elastisch machen.
- Bei Erwachsenen und Jugendlichen ergeben sich ausgehend von den Aufgabenstellungen interessante Gesprächsthemen, z. B. über „Berufsberührer“ (Friseure, Ärzte, Masseure ...).

Gleichgewicht, Balance

- Bewegung im Raum zur Musik, große Holzklötze liegen in der Mitte. Während des Bewegens holt sich jeweils ein Teilnehmer einen Holzklotz, ohne die Bewegung zu unterbrechen und das Tempo zu verlieren.
- Bei Musikstopp schnell den Klotz hinlegen und draufsteigen.
- Klötze im Raum verteilen, bei schnellem Tempo plötzlich auf einem Klotz stoppen.
- Verschiedene Stellungen ausprobieren (sitzen, knien ...), auch die Lösungen anderer testen.
- Vom eigenen Klotz aus Körperkontakt zu jemandem in der Nähe aufnehmen (mit der Hand, dem Finger, dem Fuß ...). Es ist schwierig, das Gleichgewicht zu halten und nicht abzusteigen.
- Stehen im Kreis. Einen guten Stand ausprobieren: Beine etwa in Schulterbreite, Knie nicht durchstrecken, Vorstellung, im Becken zu sitzen, Oberkörper aufrichten. Von einer Seite zur anderen pendeln, dabei immer länger auf nur einem Fuß stehen bleiben, dasselbe auch mit geschlossenen Augen versuchen.
- Partnerübung: Eine Person ist Baumeister, die andere ist „Material“. Fundament sind z. B. ein, zwei oder mehrere Holzklötze. Der Baumeister formt mit seinem „Material“

Skulpturen: eckig (links) und rund (rechts)

eine Skulptur. Derjenige, der geformt wird, bleibt passiv. Bei dieser Aufgabe soll nicht gesprochen werden. Wieviel Standfläche ist nötig, wie wenig möglich? Wie lange kann die Skulptur das Gleichgewicht halten? Woran kann man erkennen, dass es zu schwierig wird?

- Damit alle Zeit zum Schauen haben, kann sich der Anleiter als formbares Material zur Verfügung stellen, die Teilnehmer verändern einzeln die Haltung des Anleiters. Noch schwieriger wird es, wenn dieser die Augen während des Formens schließt.
- Gesprächsimpuls: „Ich bin im Gleichgewicht“.

Kindergarten

Die Balance halten:

- Die Kinder bewegen sich zur Musik (laufen, hüpfen, stampfen ...). Bei Musikstopp sollen sie ganz schnell stehen bleiben.
- Verschiedene Fortbewegungsmöglichkeiten werden ausprobiert: wie ein Storch, wie eine Tänzerin, wie ein Clown. Kunststücke erfinden lassen.

- Teppichfliesen, kleine Kissen oder ähnliche (rutschfeste) Materialien liegen als Inseln am Boden. Beim Laufen werden sie umrundet oder übersprungen. Bei Stopp steht jedes Kind auf einer Insel.
- Mit zwei Seilen wird eine Balancierstraße gelegt und von einem Kind oder von mehreren begangen; die Straße wird immer enger.
- Wenn der Erzieher in den Vierfüßlerstand geht, kann man auf seinem Rücken gut reiten. Wünsche ich mir ein zahmes Pferdchen oder ein wildes Pferd? Kann ich vielleicht sogar stehen statt sitzen?

Schulkindalter

Balancieren auf Gegenständen:
- Jedes Kind versucht, das Gleichgewicht auf verschiedenen Geräten und Gegenständen (Seile, Schnüre, Pedalos ...) zu halten. Im Freien bieten sich natürlich Baumstämme, Gehsteige oder Begrenzungen zum Balancieren an.
- Das dicke Tau schlängelt sich durch das Gras und reizt ebenfalls zum Balancieren.

„Der Flieger“:
Aus der Körperbildung kommt die folgende Partner-, Gleichgewichts- und Widerstandsübung.
Der Erwachsene (Erzieher) liegt auf dem Rücken, die Beine in die Höhe gestreckt. Die Fußsohlen zeigen zur Decke. Er winkelt nun die Beine an.
Das Kind legt sich möglichst bequem mit dem Unterbauch auf die Fußsohlen. Anschließend streckt der Erwachsene seine Beine wieder durch, seine Hände geben Hilfestellung. Wenn das Kind sich sicher fühlt, können die helfenden Hände loslassen. Das Kind breitet dann wie beim Fliegen die Arme zur Seite, hebt den Kopf und schwebt.

Methodische Hinweise

Man ist nicht jeden Tag in der gleichen Verfassung, im Gleichgewicht.
Bei Partner- und Gruppenaufgaben darauf achten, dass nur das Nötigste gesprochen wird. Es soll sehr genau beobachtet und nicht erklärt oder angewiesen werden.
Wichtig ist behutsames, langsames Formen und das Achten auf gute Befindlichkeit des passiven Partners.
Nicht zu lange mit dem Gleichgewicht spielen, für Entspannungsphasen sorgen (ausschütteln, abklopfen).
Anstelle von Holzklötzen empfehlen sich auch Korkklötze; sie sind wärmer, angenehmer und rutschfester.

Kindergarten

Bewegungs- und Geschicklichkeitsphasen wechseln mit Ruhephasen ab. Das Reiten im Vierfüßlerstand ist für die Erwachsenen meist schweißtreibend, für die Kinder äußerst spannend und ermöglicht außer der Übung des Gleichgewichts auch Körperkontakt. Die Erwachsenen müssen ihre Kraft gut einteilen. Es ist besser, wenn ein zweiter Erwachsener hier Hilfestellung geben kann.

Schulkindalter

Schulkinder wollen ihre Geschicklichkeit zeigen und für gestellte Aufgaben eigene Lösungen finden. Auch einfache Vorschläge können reizvoll und für die anderen nachahmenswert sein. Oft entstehen dabei sehr lustige Gestaltungen.

Jugendliche

Das Spiel mit dem Gleichgewicht ist Grundlage für viele Sportarten. Diese Tatsache kann für die Jugendlichen Anreiz sein, sich mit ihrem Gleichgewicht intensiver zu befassen. Darauf achten, dass genügend Ruhephasen eingelegt werden. Eine mögliche Motivation zur Weiterführung können akrobatische Übungen, wie Einrad fahren, „Hoch“-Seil gehen, Slackline laufen oder Pyramidenbau sein.

Heilpädagogik

„Aus dem Gleichgewicht sein“ betrifft Körper und Seele. Wenn das Wechselspiel zwischen den Polaritäten nicht funktioniert, wenn Störungen eintreten, ist der Mensch nicht ausbalanciert. Bei verhaltensauffälligen Kindern war oft zu beobachten, dass z. B. extrem sportliche Kinder nicht in der Lage waren, auch nur 30 Sekunden auf einem Bein zu stehen, und bei solchen Aufgaben schnell abblockten. Geräte, vor allem Pedalos, Balancierrollen oder Therapiekreisel geben entsprechende Anreize, sind interessant und verschaffen Erfolgserlebnisse.

Riechen

„... damit ich dich besser riechen kann.“ (Rotkäppchen, Brüder Grimm)

Beispiele:

- Im Raum sind Papiertaschentücher versteckt. Jedes Tuch beinhaltet einen besonderen Duft (keine ekelerregenden Düfte!). Alle bewegen sich durch den Raum und sammeln (erraten) die verschiedenen Gerüche. Anschließend Austausch von Erfahrungen.
- Duftwege, Duftbaum, Riechstraße, Riechsäckchen, Duftkästchen, Dufttücher u.v.m.

2.5. Stimme und Ausdruck

Ich entdecke meine Stimme

Unsere Stimme ist das vertrauteste und üblichste Kommunikationsmittel. Das Experimentieren mit den stimmlichen Möglichkeiten dagegen ist ungewohnt, zum Teil auch von schlechten Erfahrungen beeinflusst.

Den Klang der eigenen Stimme entdecken:

- Einen angenehmen Platz im Raum suchen, sich auf die Matte/Decke legen (auf den Rücken), bewusst den Atem spüren.
- Durch die Nase einatmen, durch den Mund ausatmen.
- Beim Ausatmen den Atem hörbar machen.
- Dazu Vokale verwenden, ausprobieren, welche am angenehmsten sind.
- Wie ähnlich oder verschieden sind die Klänge? Wie laut, wie leise? Pausen einlegen.
- Zum Sitzen, später zum Stehen kommen, den Vokal „mitnehmen“. Wie verändert sich der Klang in der Bewegung?
- Im Stehen einen Kreis bilden, Vokale in den Kreis hineinrufen (sprechen, singen). Der enge Kreis dehnt sich zum weiten Kreis aus. Welche Veränderung im Klangvolumen ist hörbar?

Spiel mit Ja und Nein:

- Durcheinander gehen, jeder in seinem eigenen Tempo. Wege werden bewusst gewählt.
- Auf Ziele (Raumecke, Stuhl ...) zusteuern und die Worte *Ja* oder *Nein* zum „Begrüßen“ dieses Zieles verwenden.

- Verschiedene Möglichkeiten des Stimmeinsatzes ausprobieren: laut, leise, gedehnt, kurz, freundlich ...
- Dasselbe während des Bewegens in Beziehung zu den anderen Teilnehmern versuchen.
- Gesprächsaustausch: Die Worte *Ja* und *Nein* sind gefühlsbetont. Sie drücken Zustimmung und Ablehnung aus. Welche Stimmung entsteht, wenn man mit Nein angesprochen wird? Welche Möglichkeiten des Stimmeinsatzes werden deutlich, welche erscheinen passend, welche unpassend (z. B. ein sehr unfreundliches Ja)? Welche Wirkung hat die Körpersprache dabei? Was ist bestimmender, Stimme oder Körpersprache?
- Man kann versuchen, z. B. als Partnerarbeit, die Gegensätzlichkeit von Wort und Gefühl (zuwendendes Nein, ablehnendes Ja) auszudrücken.

Kindergarten

Die Stimme bewegt sich mit:

- Bewegungsarten ausprobieren. Wer kann die Stimme mithüpfen, mitspringen lassen? Können wir beim Laufen mitsingen, mitsummen?

Stimmbilder:

- Ausprobieren, wie unterschiedlich die Kinder klingen, wenn sie lachen, husten, singen, gähnen.
- Verschiedene Tierstimmen oder die Töne und Geräusche aus dem Alltag nachahmen.
- Einzelne Themen herausnehmen und weiterführen (z. B. Tiere, Urwald, Märchen, Zaubersprüche).

Zauberspruch

Fi-Fa-Firlefanz,
Kri- und Kra- und Kreiseltanz,
Luftballon und Igelball,
bunte Murmel, Tütenknall – Boing!

Schulkindalter

- Alltägliche Stimmäußerungen sammeln und nachmachen (gähnen, schnarchen, lachen, jammern, heulen ...)
- Kleine Gruppen finden sich zum „Schnarchkonzert“ oder zum „Lachorchester“ zusammen. Kombinationen und Variationen ausprobieren.
- Im Freien: Wir bewegen uns barfuß wie die Urzeitmenschen. Wir stampfen, schleichen, rennen und versuchen, Verständigungsmöglichkeiten nicht mit Worten, sondern durch Laute und Töne zu finden. Wir erfinden eine eigene Sprache.

Kule Kilimani

Volkslied (Schlaflied aus Karema/Afrika)

Freie (mündlich überlieferte) Übersetzung:
Du brauchst nicht traurig zu sein, dein Vater ist ein tapferer Krieger.

Erarbeitung des Textes über Silbenzerlegung:

- Alle sitzen in einem engen Kreis. Die einzelnen Silben des Liedes werden auf verschiedenste Art vor- bzw. nachgesprochen (laut, leise, lachend, wütend). Die Silben müssen nicht der Reihe nach kommen, die schwierigen werden öfter und sehr

deutlich gesprochen. Nicht das Einprägen, sondern das Spiel mit dem Stimmausdruck steht im Vordergrund. Die Silben bzw. der Text prägen sich erfahrungsgemäß fast von selbst ein.
- Nach dem Text wird die Liedmelodie phrasenweise dazugenommen.
- Am Schluss kann im engen Kreis zur Melodie mitgeschwungen werden. Vielleicht möchten sich zwei Kinder Rücken an Rücken lehnen und so mitschwingen.
- Der Text wird übersetzt und erklärt.
- Gespräch über Musik bei anderen Völkern.

Jugendliche

- Vertraute und akzeptierte Musikformen (z. B. Rap) können Ansatzpunkte sein, die in entsprechenden Situationen zum Experimentieren mit der Stimme auffordern.
- Einzelne interessante Worte oder Sätze können zum kreativen Umgang mit der Stimme herausfordern (z. B. eigene Werbespots erfinden).
- Technische Möglichkeiten nutzen (Mikrofone, Sounds, Verfremdung, Verstärkung ...).

Heilpädagogik *(Geistige Behinderung)*

- Die singende (summende) Stimme des Erwachsenen kann viele Bewegungen und Körperübungen begleitend unterstützen.
- Je nach Nähe oder Distanz werden Schwingungen mitempfunden (z. B. beim Sitzen auf dem Schoß, aneinander gelehnt).
- Bekannte Melodien werden nach einiger Zeit wiedererkannt.

Methodische Hinweise

Beim Spiel mit der Stimme sollte nie das Gefühl entstehen, dass beurteilt oder gewertet wird. Das Ausprobieren ist wesentlich.
Darauf achten, dass Stimme und Atmung nicht zu stark belastet werden.
Ja- und Nein-Aufgaben nur in einer sich vertrauten Gruppe einsetzen, auf sachlicher Ebene reflektieren und nicht als „Psycho-Spiel“ benutzen.

Kindergarten

- Kinder experimentieren im Gegensatz zu Erwachsenen gern mit der Stimme. In viele freie Spiele fließen Lautäußerungen ein.
- Spiele mit der Stimme können eine gute Vorarbeit zum Liederwerb sein.

Schulkindalter

Die Erweiterung des stimmlichen Ausdrucks kann Grundlage für viele Gestaltungsansätze sein. Es ist hier nicht das genaue Nachahmen von Lauten und Tönen ausschlaggebend, sondern das kreative Spielen mit Stimme, Klängen und Lauten.
Das afrikanische Schlaflied ist ein Beispiel dafür, welche Motive Schlaflieder in aller Welt beinhalten (z.B. Informationen über kulturelles Erbe, Alltägliches, Schutz und Sicherheit).
Bekannte und vertraute Lieder können mit exotischen verglichen werden. Über Musik kann Verständnis für Fremdes geweckt werden (multikultureller Ansatz).

Heilpädagogik *(Geistige Behinderung)*

Stimmäußerungen bei geistig Behinderten sind oft von Stereotypien bestimmt. Diesen entgegenzuwirken und die Möglichkeiten der Stimme zu erweitern, ist eines der Ziele. Die Bearbeitung solcher Probleme setzt jedoch Können, Wissen und Erfahrung voraus und ist in seiner Intensität eher der (Musik)therapie zuzuordnen.

Ich entdecke meinen Ausdruck

Der menschliche Ausdruck verändert sich bei minimalsten Haltungs-, Spannungs- oder Bewegungsdifferenzierungen. Bewegungsverhalten kann verändert werden, nicht nur durch Training und Übung, sondern auch über die Methode des Experimentierens und Ausprobierens.

„Marionetten":

- Einen angenehmen Platz im Raum suchen und ihn mit einer Matte kennzeichnen. Sich auf den Rücken legen. Spüren der Auflageflächen, Körperteile und Gelenke.
- Einzelne Körperteile werden benannt, jeder Teilnehmer reagiert mit entsprechender Bewegung dieses Körperteils. Die Bewegungsart ist nicht vorgegeben.
- Sich im Liegen einen Partner suchen, durch Blickkontakt, Kontakt mit Händen, Füßen, durch Zuruf.

Marionette (links), „Roboter" und „Schlenkeraffe" (rechts)

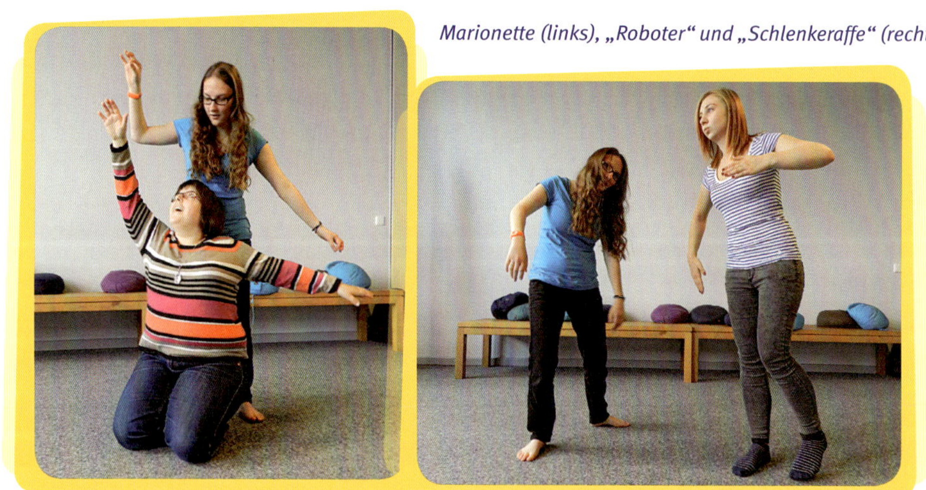

- Einer von beiden bleibt liegen, der andere berührt verschiedene Körperteile, es soll eine Bewegungsreaktion erfolgen. Wechsel und kurze Reflexion.

- Aufstehen, sich im Raum bewegen, das eigene Tempo finden. Die Bewegung soll jetzt von den einzelnen, aufgerufenen Körperteilen gesteuert werden (z. B. vom linken Fuß, vom Rücken, vom Kopf, den Händen).
- Gleiches Tempo für alle. Während des Bewegens besonders auf die Gelenke achten. Welche Rolle spielen sie beim Gehen, Laufen, Hüpfen?
- Die Gelenke bewusst einsetzen. Wie verändern sich Körperausdruck und Haltung durch verschiedene Bewegungen der Gelenke?

- Sitzen im Kreis. Eine einfache Marionette wird durchgegeben und dabei genau beobachtet. Welche typischen Bewegungen sind vorhanden, was ist nicht möglich? Welchen Eindruck vermittelt die Marionettenbewegung?
- Es können mehrere Marionetten ins Spiel kommen und zueinander Kontakt aufnehmen.
- Wir versuchen, uns von unsichtbaren Fäden (in der Mitte des Kopfes, am Handrücken, an den Schultern, den Knien) durch den Raum führen zu lassen.
- Wir versuchen, uns von den imaginären Fäden zu befreien (abreißen, durchschneiden, abschütteln).
- Partneraufgabe: Ein Teilnehmer bewegt eine Marionette, der andere folgt der Marionette und versucht, die Bewegung der Marionette nachzuahmen (Wechselspiel Puppe – menschliche Marionette). Wo sind Nachahmungsgrenzen?
- Eine Person ist Marionette, die andere Puppenspieler. Unsichtbare Fäden werden an verschiedenen Körperteilen befestigt. Führen kann sowohl die Puppe, als auch der Spieler.
- Reale Fäden werden an Handgelenken, Knien usw. befestigt. Mit ihnen werden die menschlichen Marionetten bewegt.
- Man kann die verschiedenen Möglichkeiten ausprobieren (aufstehen, Treppen steigen, balancieren ...).
- Beobachter wählen Klänge, Geräusche zur Bewegungsbegleitung aus.

- Gespräch, Reflexion: Welche Gedanken entstehen bei diesen Aufgaben? Wo belastet (entlastet) das Gefühl, am Faden zu hängen (jemand anderer übernimmt die Verantwortung, ausgeliefert sein ...).

Kindergarten

Mit Puppen spielen:

- Jedes Kind bringt eine Puppe mit.
- Für jedes Kind wird am Boden ein Sitzkissen aufgelegt.
- Musik zum Bewegen, die Puppe darf mitlaufen. Wie kann ich die Puppe tragen? Können Puppenmutter und Kind ein „Kunststück“ vorführen?
- Beim Ende der Musik setzt sich jedes Kind auf das eigene Kissen.
- Wer kann hören, wann die Musik zu Ende geht?
- Die Puppe bleibt alleine sitzen, das Kind läuft.
- Die Stellung der Puppe wird verändert. Kann ich genauso sitzen (liegen, stehen, lehnen)?
- Sitzkreis auf den Kissen: Ein Kind bringt seine Puppe in die Mitte.
- Alle Kinder versuchen, dieselbe Stellung wie die Puppe einzunehmen.
- Ist die Puppe fröhlich, müde, traurig, aufmerksam ...?
- Alle Puppen sehen zu, wie die Kinder in den verschiedenen Stimmungen spielen. Musik von verschiedenen Instrumenten kann anregen und unterstützen.
- Puppenmütter und Kinder bilden einen Kreis und tanzen zur Musik.
- Variation, Weiterführung: Die Puppen könnten mit Hilfe der Kinder auch sprechen, singen, sich besuchen.

Schulkindalter

„Roboter“ und „Schlenkeraffe“ (Gegensätze starr – beweglich, s. auch Fotos S. 104):

- Klänge regen zum Bewegen an. Kurze, klare Klänge (Holzblocktrommel, Klanghölzer) wechseln mit rasselnden, unruhigen, schwirrenden (Rasseln, Schellen).
- Wir versuchen, die Bewegungen zu übertreiben.

Roboter

- An welche Dinge oder Situationen erinnern die Klänge und die Bewegungen?
- Wir spielen Roboter. Roboter werden eingeschaltet und setzen sich in Bewegung, jeder auf seine Art.
- Ein Instrument, z. B. ein Guiro, begleitet. Wenn es endet, erstarren die Roboter.
- Ausschütteln von Körperteilen: Verstärken, sich schütteln, als ob man keine Knochen hätte (Schlenkeraffe). Kann man sich so bewegen?
- Regelmäßiger oder unregelmäßiger Wechsel zwischen „Roboter“ und „Schlenkeraffe“, von der Musik gesteuert oder frei gewählt. Die Figuren können einander treffen, ein Gespräch beginnen, etwas bauen, malen, Musik machen. Vielleicht entsteht ein Robot-Rap.

Methodische Hinweise

Die Einschränkung von Bewegungsformen kann am Beispiel der Marionette gut deutlich gemacht werden. Sie hängt an Fäden und muss von außen gesteuert werden.
Beim Thema Marionette sind reflektierende Gespräche wichtig. Erwachsene und Jugendliche haben in Stresssituationen oft den Eindruck, stark von außen gelenkt zu werden. Die reale Spielsituation verstärkt dieses Gefühl und muss im Gespräch verarbeitet werden. Andererseits ist das Lebendigmachen einer leblosen Gestalt sehr reizvoll. Man erlebt eine Führungs- und Machtposition, übernimmt im Spiel die Verantwortung, doch oft funktioniert das, was sich der Kopf ausdenkt, beim Führen nicht so gut, die Marionette versteht nicht, reagiert anders als geplant. Grenzen werden deutlich. Am Ende des Spiels ist man froh, keine gelenkte Puppe zu sein, sondern „sich selbst wieder in der Hand zu haben“.

Kindergarten

Das Einbeziehen von vertrauten Spielsachen aus dem Alltagsbereich der Kinder kann für eine rhythmisch-kreative Spieleinheit sehr anregend sein – es dürfen natürlich auch andere Spielobjekte mitgebracht werden (Bälle, Kuscheltiere, Kissen ...).

Schulkindalter

Da die Bewegung als Roboter eine sehr angespannte Haltung voraussetzt, ist es nötig, einen lockeren Ausgleich zu schaffen. Das Hinbewegen von „starr“ zu „locker“ kann auch allmählich und gleitend ablaufen.

Heilpädagogik

In vielen heilpädagogischen Bereichen begegnen uns Auffälligkeiten, die mit verminderter Ausdrucksfähigkeit und Stereotypien einhergehen. Die Förderung einer Ausdrucksdifferenzierung, sowohl von Bewegungen als auch von Gestik, Mimik, Stimme, Sprache, führt zu neuen Erfahrungen, zu neuen Kommunikationsmöglichkeiten.

2.6. Mein Gegenüber und die Gruppe

Ich entdecke dich (mein Gegenüber)

„Dein Gedanke zersplittert in Worte auf deinen Lippen. Vorsichtig nehme ich die Splitter, füg sie zusammen und bau mir einen neuen Gedanken, der meiner ist."

(Thuridur Gudmundsdottir, aus dem Isländischen von Wolf Kühnelt)

Ich – du (Partner)

Übungen zu:

- Kraft: Rücksicht nehmen und sich durchsetzen, die eigene Kraft erleben, steuern.
- Gleichgewicht: Fähigkeit entwickeln, Kontakt aufzunehmen, auszubauen, zu vertiefen, Begriffe differenzieren (Begegnung – Kontakt – Beziehung).
- Körpersignale, Körpersprache: Die Sprache des Körpers beobachten lernen und daraus Rückschlüsse für Kommunikationsverhalten und Gestaltungsmöglichkeiten ziehen können.
- Führen und Folgen: Das Wechselspiel zwischen Anpassung und Selbstständigkeit bewusst erleben. Möglichkeiten erfahren, wie Führungspositionen übernommen werden können. Üben, die Verantwortung zu übernehmen bzw. sie abgeben zu können. Wechselspiel zwischen Fordern und Einfühlen erleben.

Beispiele:

- Zwei sitzen einander gegenüber. Die Körperhaltung (auch Mimik, Gestik) wandelt sich langsam, aber beständig von freundlich zu drohend. Anschließend ein Gespräch über die Wirkungen führen. Wann und wie wurden Signale deutlich?

- Je zwei Personen haben einen Luftballon. Sie einigen sich darauf, zwischen welchen Körperstellen der Ballon von beiden festgehalten bzw. eingeklemmt wird (z. B. Handflächen, Hand, Schulter ...). Anfangs nicht zu schwierige Möglichkeiten wählen! Einer schließt die Augen, der andere führt durch leichten Druck. Beim Bewegen durch den Raum kann der Führende versuchen, mit einem anderen „Sehenden“ den Partner zu tauschen, ohne dass die „Blinden“ es merken.

„Führen und Folgen“:

- Freies Bewegen im Raum, den eigenen Gehrhythmus finden, wahrnehmen und deutlich machen.
- Erst wenn der eigene Rhythmus gefunden ist, allmählich anfangen, die anderen Personen wahrzunehmen.
- Sich kurz jemandem anschließen, nebeneinander gehen, das andere Tempo übernehmen. Jeder der beiden kann das gemeinsame Gehen beenden und sich wieder alleine weiterbewegen.
- Bewegen nach vorgegebenem Tempo (Instrument, Stimme, Körperinstrument), beim Ende der Musik durch Blickkontakt einen Partner suchen.
- Man kann nebeneinander gehen, mit engem oder weitem Abstand, hintereinander, sich dabei anfassen oder auch nicht.
- Absprachen treffen, wer die Führung übernimmt.
- Keine Absprachen, sondern „fliegender“ Wechsel der Führung.
- Ein Teilnehmer leitet den anderen durch den Raum und benützt dazu Gestik, Mimik, Stimme oder Klänge.

Variationen:

- Führen eines „blinden“ Partners durch Anfassen an Händen, Schulter o.a., mit der Stimme bzw. mit Klängen. Die Augen werden dabei nicht verbunden.
- Führen und Folgen unter Einbeziehung von Geräten wie z. B. Seile, Reifen, Stäbe.
- Austausch über Erfahrungen und Befindlichkeit.

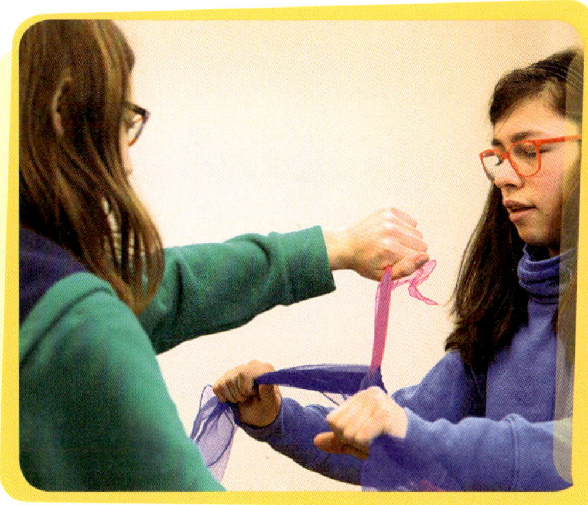

„Führen und Folgen" mit Tüchern

Meine Kraft, deine Kraft

Schneckenhaus:

- Je zwei Partner finden sich zusammen. Einer ist die „Schnecke", der andere hat die Aufgabe, diesen aus dem Schneckenhaus herauszuholen.
- Das Schneckenhaus kann unterschiedlich aussehen, z. B. einfach nur die Augen schließen, sich zusammenrollen, sich mit den verschiedensten Materialien zudecken, in die Raumecke zurückziehen.
- Die Möglichkeiten des Herausholens sind ebenso vielfältig: Man kann mit der Stimme locken, mit Instrumentenklang aufwecken, berühren, massieren, schütteln, klopfen, abdecken, auswickeln, singen.
- Vorher abklären, ob die Sprache mit eingesetzt wird.
- Die Zeit nicht eingrenzen, die Schnecke kann sich langsam zurückziehen oder hervorkommen.

Kindergarten

- Zwei Kinder tragen gemeinsam zur Musik einen Luftballon, ein Tuch, ein Band ...
- Wie können wir diese Gegenstände anfassen, welche Formen des gemeinsamen Tragens können wir ausprobieren?

- Raumwege, Raumebenen und Partnertausch miteinbeziehen.
- Eine Tiermutter kann sich mit ihrem Kind den Weg durch den Wald (z. B. Holzklötze), die Wüste (z. B. Tücher), das Wasser (z. B. Folie), die Stadt (z. B. Reifen) oder über eine Wiese (z. B. Teppich) suchen. Die beiden können gemütlich gehen, laufen, hüpfen ... Die Mutter oder das Kind bestimmen im Wechsel, wohin und wie schnell sie gehen.

Schulkindalter

Besucherspiel:

- Jedes Kind sucht sich ein zweites, mit dem es gerne zusammenarbeiten möchte. Beide markieren einen Platz (Insel, Haus, Garten) im Raum. Die Plätze dürfen auch weit auseinander liegen.
- Ein Kind lenkt nun das andere durch Gesten von dessen Platz weg zum eigenen (Besucherwechsel).
- Ein Paar probiert aus, ob man einen „blinden“ Besucher (er hat die Augen geschlossen) mit der Stimme zum eigenen Platz führen kann. Die anderen sind Hindernisse, dürfen aber durch Klatschen oder ein Signal mit der Stimme helfen, wenn das „blinde“ Kind anzustoßen droht.

Schattenspiele (im Freien):

- Ein Kind ist immer der Schatten des anderen, ganz egal, wohin es sich bewegt, der Schatten folgt immer.
- Zwei Schatten machen dasselbe.

Jugendliche

Wege finden (im Freien):

- Ein „Blinder“ wird geführt, zwischendurch gibt ihm der „Sehende“ bestimmte markante Punkte zum Befühlen und Betasten (drei bis sieben Stationen).
- Mit offenen Augen wird mit Hilfe dieser Dinge der Rückweg gefunden.
- Auch Sonnenstand, Bodenbeschaffenheit, Wind oder Geräusche sind Hilfsmittel zur Orientierung.

Spiegelspiele:

- Das eigene Spiegelbild betrachten.
- Jemand anderen spiegeln. Gleiche Ausgangsposition einnehmen, mit langsamen, einfachen Bewegungen beginnen.
- Hilfreich ist dabei oft Musik. Bei Musikende die Bewegung stoppen, die Haltung überprüfen.
- Die Bewegungen können immer variantenreicher werden, dürfen aber die Exaktheit nicht verlieren.
- Bei Unstimmigkeit den Schwierigkeitsgrad reduzieren (z. B. nur die Hände spiegeln lassen).

Methodische Hinweise

Erwachsene erfinden und erproben bei diesen Spielen die vielfältigsten Methoden, von sehr freundlichem und sozialem bis zu unfairem und aggressivem Verhalten. Daher ist es bei dieser Spielform sehr wichtig, dass eine gute Vertrauensbasis besteht und die Befindlichkeit des Partners immer beobachtet wird.

Aufgaben aus dem Bereich „Führen und Folgen“ sind beliebt und in vielen sozialpädagogischen Praxisbüchern zu finden, oft ist dabei das Führen eines „Blinden“ der Ausgangspunkt. Diese Aufgabe ist nicht für Einstiegssituationen geeignet. Voraussetzung ist das Vertrauen in den Partner, dazu ist mindestens Bekanntheit nötig.
Erfahrungsgemäß sind es so einfach wirkende Aufgaben wie die des Nebeneinandergehens, die Schwierigkeiten bereiten, vor allem dann, wenn die Sprache als Kommunikationsmittel ausfällt.

Kindergarten

Auch Kinder können bei den Aufgaben des Führens und Folgens sowohl Anpassung als auch Durchsetzung erleben. Dieser Aspekt des sich Vertreten-Könnens wird oft zu Gunsten von Rücksichtnahme übersehen. Es ist wichtig, beide Polaritäten zu erleben. Vor allem für schüchterne, zurückgezogene Kinder (z. B. mit Sprachschwierigkeiten) kann es sehr wichtig sein, sich als bestimmend zu erleben.

Schulkindalter

Partnerspiele in der größeren Gruppe können auch auf ein aktives Paar reduziert werden, die anderen Kinder müssen aber eine Funktion (z. B. Hindernis, Wächter, Signal) im Spiel erhalten.
Spiele wie Schattenfangen können ihre Weiterführung im Raum finden (verdunkeln, Tuch aufhängen, mit einer Lichtquelle arbeiten).

Jugendliche

Spiegelspiele leben von der exakten Ausführung, sonst verlieren sie ihren Sinn. Die Erfahrung zeigt, dass die Anforderungen zu Beginn meist zu hoch sind. Es ist wichtig, den Schwierigkeitsgrad gut zu wählen und keine Angst vor dem Reduzieren zu haben.
Blind zu gehen, setzt Bereitschaft und das Vertrauen in den Führenden voraus. Ziel der Aufgabe ist nicht das Sich-Verlaufen, sondern das Zurückfinden.

Heilpädagogik *(Sehbehinderung)*

Die Stimme oder auch Instrumente können die Führung durch einen Raum übernehmen, z. B. Erwachsener – Kind, Kind – Kind, Erwachsener – mehrere Kinder. Menschen mit einer Sehbehinderung sind sozusagen „Profis“ im Folgen, selten jedoch in der Rolle des Führenden zu finden. Experimentieren mit den vielfältigsten Möglichkeiten ermöglicht hier neue Erfahrungen.

Ich entdecke euch (die Gruppe)

„Die Gruppe ist Gegebenheit und Aufgabe.“ (Amélie Hoellering)

Übungen zu:

- Soziales Spielverhalten: Sich selbst als anleitend (initiativ) und mitmachend erleben. Problemlösungen gemeinsam finden.
- Führen der Gruppe: Genaues Hinschauen und Beobachten üben, Reaktionen wahrnehmen, darauf eingehen können, selbst angemessen reagieren, sich beobachten lassen.
- Gestalten mit Partner und Gruppe mit den Ausdrucksmöglichkeiten des Körpers.
- Gestalten von Reimen, Gedichten, Liedern, Bildern.

Beispiele:

- Monster: Eine Kleingruppe versucht gemeinsam, aus ihren Körpern ein Wesen mit z. B. fünf Armen, drei Beinen, drei Köpfen ... zu bilden. Das „Monster“ könnte sich auch fortbewegen, klingen usw.

Wie können wir aus Holzklötzen, nur mit Seilkontakt, gemeinsam einen hohen Turm bauen?

- Die Teilnehmer schließen die Augen und versuchen sich blind vom Platz wegzubewegen. Nach dieser Ausprobierphase teilt sich die Gruppe: eine Hälfte bewegt sich weiter blind im Raum, die anderen beobachten, geben im Anschluss daran (sachlich) Rückmeldungen. Gruppenwechsel.
- Gruppenbild: Jeder sucht sich im Raum die Dinge, die ihm für ein Gruppenbild gefallen. Alle sitzen im Kreis, einer beginnt mit seinem Material, ein Bild zu legen. Wenn er fertig ist, legt der nächste etwas dazu. Die ursprünglichen Vorstellungen, wie das ganze Bild aussehen soll, müssen sich oft ändern (diese Aufgabe ist nicht nur für Kinder schwierig). Das Bild könnte als sichtbare Vorlage für ein Klangbild dienen.
- Menschenskulpturen bauen, betrachten, benennen, verändern …

Im Einklang mit der Gruppe:

- Alle bewegen sich im Raum, jeder in seinem eigenen Tempo. Begegnungen wahrnehmen, aber nicht bewusst herbeiführen. Die Spielregel „Ausweichen oder Anstoßen“ kann miteinbezogen werden.

- Allmählich soll ein gemeinsames Tempo gefunden werden
- Das gemeinsame Tempo wird von einem Instrument übernommen.
- Variation: Ein langes Tau wird zu einem Kreis geknotet. Alle fassen an und versuchen sich auszubalancieren, das Gewicht gleichmäßig so zu verteilen, dass man sowohl die anderen hält, als auch selbst gehalten wird. Wenn diese Balance erreicht ist, kann man gleichzeitig in die Hocke und zum Sitzen kommen bzw. wieder aufstehen, ohne das Seil loszulassen.

Methodische Hinweise

Die so einfach scheinende Aufgabe, ein gemeinsames Tempo zu finden, kann für Gruppen sehr kompliziert sein. Das eigene Tempo loszulassen, ein anderes zu übernehmen, sich anzupassen, ist für manche Teilnehmer sehr schwierig. Oft braucht es lange, bis eine Angleichung erreicht wird. Manchmal ist es gar nicht möglich, manchmal erfolgt sie überraschend. Die Aufgabenstellung birgt viele Variationsmöglichkeiten, oft auch Zündstoff und kann eine gute Gesprächsgrundlage zum Betrachten einer Gruppensituation sein.

Gemeinsam ein Bild legen ist gar nicht so leicht. Der Kreisel bewegt sich!

Kindergarten

Begrüßungslied

Text und Musik: Martina Roth

Bewegungsvorschläge (zum selbst Weitererfinden):

mit den Händen: winken, schütteln, gegen die Hände eines Partners patschen

mit den Füßen: trampeln

mit dem Kopf: mit dem Kopf hin und her wackeln, nicken, verbeugen

mit dem Knie: Knie hin und her wackeln

mit der Nase: an die Nase greifen, auf die Nase zeigen

und dem Po: schnell umdrehen und den Po in die Kreismitte strecken, draufklopfen

Dieses Lied kann zur gleichen Melodie natürlich als Schlusslied umgedichtet werden:

Schlusslied

Text und Musik: Martina Roth

Bewegungsvorschläge:
Verschiedene Abschiedsgesten einbauen: mit Taschentüchern winken, sich verbeugen, Hände einschlagen (z. B. in zwei Kreisen, am Ende der Strophe immer ein Kind weitergehen und somit alle persönlich verabschieden).

Weitere Spielvorschläge:
Es gibt viele Möglichkeiten, die beiden Lieder (oder ähnliche) in Bewegung und Tanz umzusetzen.

- Die Kinder stehen einander in zwei Kreisen oder Reihen gegenüber.
- Die Kinder bewegen sich frei im Raum und treffen sich zur Begrüßung.
- Die Kinder bewegen sich paarweise und treffen jeweils ein anderes Paar.
- Einzelne Kinder können nacheinander eine besondere Art der Begrüßung vorschlagen. Sie wird entweder vorher vereinbart oder erfolgt spontan (Reaktion!).
- Die Begrüßung/Verabschiedung kann evtl. auch in anderen Sprachen erfolgen.

Methodische Hinweise

Kindertänze und Kinderspiellieder verdeutlichen die Zusammengehörigkeit der Gruppe. Der Kreis als Grundform macht die Geschlossenheit der Gruppensituation sichtbar. Bei diesen speziellen Tanzformen können sich die Kinder sowohl als Einzelperson als auch als Mitglied einer Gruppe erleben.

Schulkindalter

Gruppenaufgabe mit dem Seil:

- Ausgangspunkt ist eine Partneraufgabe. Zwei Kinder haben ein farbiges Seil an je einem Knoten gefasst und bewegen sich zur Musik im Raum. Das Seil soll straff gespannt sein.
- Die Wege werden komplizierter, man trifft andere Paare, die Seile kreuzen sich mit der Zeit und bilden in der Mitte ein Knoten. Es entsteht ein „Seilstern“. Der Anleiter kann durch entsprechende Hinweise diesen Vorgang beeinflussen.

- Jedes Kind hält ein Seilende. Können sich alle zurücklehnen?
- Alle versuchen sich hinzusetzen und dann wieder aufzustehen, ohne das Seil loszulassen.
- Man kann gut spüren, ob die anderen Halt geben oder nachlassen.
- Wieder im Stehen: Welches Kind glaubt, dass es sein gestrafftes Seil loslassen kann, der Seilstern aber trotzdem noch zusammenhält?
- Wie viele Kinder können nacheinander loslassen, ohne dass sich der Knoten auflöst?
- Variation: Den Knoten durch gemeinsames Oben-drüber- und Unten-durch-Bewegen auflösen. Man muss sehr genau beobachten und die Seile straff halten. (Möglichkeit für Erwachsene: Einige Teilnehmer schließen beim Auflösen die Augen, die anderen achten auf sie.)
- Am Schluss ein gemeinsames Gemälde mit den Seilen legen.

Methodische Hinweise

Den „Seilstern“ und auch die Partnerarbeit sollte man erst nach dem Kennenlernen des Materials ins Spiel bringen.
Das Seil als Rhythmikgerät ermöglicht viele Spielformen zur Gruppenerfahrung (z. B. Seilbild, Straßen, Wege, Formen).

Jugendliche

Die Gruppe entdeckt einen gemeinsamen Rhythmus:

- Jeder holt sich ein Instrument, das können vorhandene Rhythmusinstrumente sein, aber auch Alltagsgegenstände, die einem anderen Zweck dienen (Kuchenblech, Hölzer, Besteck, Mülleimer).
- Gruppenimprovisation ohne besondere Vorgaben: Ein Instrument beginnt einen Rhythmus oder ein Metrum zu spielen, die anderen steigen ein. Die Führung (Tempo, Dynamik) und auch die Anzahl der Spieler kann wechseln, irgendwann ist Schluss.
- Viele Jugendliche spielen ein Instrument. Diese können natürlich einbezogen werden, müssen aber nicht tonangebend sein.

- Melodieinstrumente bringen einen völlig anderen „Sound“ in die Improvisation hinein. Bei mehreren Melodieinstrumenten muss auf Tonart und Stimmung geachtet werden. Die Pentatonik bietet sich zum gemeinsamen Improvisieren an.
- Ein eingespieltes Musikstück könnte mit Rhythmusinstrumenten begleitet oder verfremdet werden.

Methodische Hinweise

Das Einschwingen auf einen gemeinsamen Rhythmus lässt hörbares Gruppenerleben, aber auch die individuelle Solistenrolle zu.
Es ist ein Phänomen, dass das Einschwingen fast immer in einem geraden Takt geschieht, hier können vom Erwachsenen Impulse zu rhythmischen Veränderungen (z. B. ungerader Takt) kommen.

2.7. Natur

Das Thema Natur bietet für das rhythmisch-kreative Arbeiten fast unbegrenzte Variationsmöglichkeiten. Naturerscheinungen, Naturmaterialien, Gegensätze von künstlich und natürlich, aber auch Begriffe, Stimmungen, Vorstellungen oder Erfahrungen können Impulse sein.

Themenbeispiele:
Spuren, Wege, Jahreszeiten, Luft; Wettererscheinungen wie Regen, Schnee, Sonne, Licht und Schatten, Sturm, Gewitter; Naturmaterialien wie Steine, Blätter, Früchte, Äste, Holz, Erde; Bäume, Tiere, Naturstimmen ...

Text zur Einstimmung:
Weißt du, dass die Bäume reden?
„... Einmal in seinem Leben, so glaube ich, sollte sich ein Mensch mit seinem ganzen Wesen auf ein Stück vertraute Erde konzentrieren. Er sollte sich einer Landschaft, die er

kennt, ganz hingeben, sie aus so vielen Blickwinkeln betrachten, wie es ihm möglich ist, über sie staunen und bei ihr verweilen. In seiner Vorstellung sollte er sie zu jeder Jahreszeit mit seinen Händen berühren und ihre vielfältigen Laute in sich aufnehmen. Er sollte sich die Geschöpfe vorstellen, die dort leben und jeden Windhauch spüren, der darüberstreicht …“ *(N. Scott Momaday)*

Beispiel „Luft“:

- Im Freien: Verschiedene Bewegungsarten ausprobieren, dabei die Atmung beobachten.
- Verschiedene Atemvorgänge (tief atmen, hecheln, schnell atmen) beobachten und hörbar machen.
- Wahrnehmen des Luftraumes. Wie wird Luft bewusst (Wind, Kälte, Wärme)?
- Im Raum: Die Fenster sind geschlossen. Jeder sucht sich einen Platz am Boden (Matte), legt oder setzt sich hin, schließt die Augen und nimmt bewusst die Luft im Raum bzw. den Unterschied zur frischen Luft draußen wahr.
- Die Fenster werden langsam geöffnet, frische Luft strömt in den Raum.
- Sich strecken, räkeln, dehnen. Langsam zum Stehen kommen.
- Bewegung im Raum zu „luftiger“ Musik (Gitarre, Rainmaker, Glockenspiel).

- Die Bewegung mit Summen und anderen Tönen begleiten.
- Spiel mit Luftballons: Ein aufgeblasener Luftballon wird während des Bewegens von einem zum anderen gespielt.
- Das Anstoßen des Ballons kann unregelmäßig oder regelmäßig zum Taktschwerpunkt geschehen.
- Alle sitzen. Jeder bekommt einen unaufgeblasenen Luftballon und versucht, das Lufteinfüllen beim Aufblasen sehr bewusst wahrzunehmen.
- Was passiert, wenn die Luft ausströmt? Auf welche Weise kann das geschehen (Ballon fliegt weg, schrumpft, quietscht ...)?
- Begriffe, Redensarten sammeln: Luft ablassen, Luft holen, dicke/dünne Luft ...
- Kleingruppen wählen einen Begriff und versuchen, ihn den anderen pantomimisch nahezubringen. Die anderen raten.

Kindergarten

Luft und Bewegung:
- Wir sammeln viele Dinge, die ganz leicht sind: Federn, Seidenpapier, Watteflocken, Luftballons, Papierbälle und legen sie auf den Boden, auf den Tisch, in einen Reifen.
- Ein Kind bläst von verschiedenen Seiten hinein. Was bewegt sich? Was nicht? Was hebt sich ein wenig oder schwebt sogar kurz in der Luft?
- Mehrere Kinder blasen. Was passiert jetzt?
- Wir können unterschiedlich stark blasen.
- Jedes Kind wählt ein „Pusteding“ und probiert aus. Tausch oder Zusammenspiel ist möglich.

Im Freien:
- Wir nehmen unsere Leichtgewichte mit hinaus ins Freie und versuchen, ob irgendetwas von der Luft getragen wird.

Variation im Herbst, ein Spiel mit Blättern:
- Wir sehen den Blättern beim Fallen, Segeln, Treiben, Wirbeln zu.

- Wir lassen sie selbst segeln.
- Wir bewegen uns wie wirbelnde Blätter.

Das Thema Luft lässt sich mit Materialien wie Schwimmreifen, Schwimmtiere, Japanbälle, Luftballons, Folie, Schwungtuch, Fallschirm (z. B. auch aus Servietten oder Papiertaschentüchern) gut verdeutlichen.

Schulkindalter

Schwungtuch- und Fallschirmspiele:

- Das Tuch schwingen und loslassen. Wie schwebt oder treibt es? Fliegt das Tuch davon?
- Am Boden gelandet, können Luftpolster entstehen, die aussehen, als würde jemand oder etwas unter dem Tuch sein.
- Luftpolster bewusst herbeiführen.
- Auf dem Schwungtuch Luftballons oder Papierbälle fliegen lassen.
- Mit der eingefangenen Luft einen Iglu bilden.

Seifenblasen:
Verschieden große Seifenblasen schweben durch die Luft, wir können ihnen vor allem im Freien sehr lange zusehen. Wo fliegen sie hin? Wie hoch? Wie weit? Welche Rolle spielt die Luft bei diesem Spiel?

Jugendliche

Luft trägt und tönt:

- Fallschirmspiele können je nach Situation eine Einstiegsmöglichkeit in das Thema bieten.
- Welche Rolle spielt die Luft beim Spielen von Instrumenten (Blasinstrumente, Orgel, Dudelsack …)?

Spiel mit Materialien in der Natur: leicht und fliegend (links), schwer und fallend (rechts)

- Praktisch ausprobieren, wie man ein Instrument anspielt, einen Ton erzeugt, ihn verändert.
- Seifenblasen: Auch Jugendliche und Erwachsene lassen sich gerne von den schwebenden Kunstwerken verzaubern.
- Rhythmisch-kreative Impulse können zu Gesprächen und Diskussionen, z. B. über die Luftverschmutzung führen.

Der Natur begegnen:

- Als gedanklichen Einstieg den Text „Weißt du, dass die Bäume reden?“ (s. S. 122) oder einen anderen passenden Text vorlesen.
- Wir gehen ins Freie. Jeder wählt sich etwa einen Quadratmeter Erde aus und erforscht in einer vorher vereinbarten Zeit diesen Platz.
- Ein kleines Stück davon (Grashalm, Rinde, Stein) mit in den Raum nehmen.
- Das Mitgebrachte an einem passenden Platz auflegen.

- Alle sehen sich die Gegenstände an. Gedankenaustausch: Warum habe ich dieses Stück gewählt?
- Das Stück Erde im Laufe des Jahres öfter auf Veränderungen hin überprüfen.

Methodische Hinweise

Für Naturthemen muss man keine teuren Geräte kaufen. Materialien und Instrumente sind einfach da und sind ein spannendes und schönes, ästhetisches Anschauungs- und Spielmaterial, das sogar selbst gesammelt werden kann. Die ganze Palette von Sinneswahrnehmung ist hier angesprochen. Das Verhältnis zur uns umgebenden Natur wird intensiviert.

Kapitel 3

Aufbau von Rhythmikstunden

3.1. Beispiel einer Rhythmiksequenz

Bei der Planung und Durchführung von Rhythmikeinheiten sind unabhängig von der Zielgruppe grundsätzlich Vorüberlegungen zur Situation der Gruppe, zum Aufbau der Stunde und zu den Lerninhalten sowie zur methodischen Vorgehensweise notwendig. Die folgende Darstellung soll Planung, Aufbau und den „Roten Faden" einer Rhythmikeinheit an der Fachakademie für Sozialpädagogik exemplarisch aufzeigen. Sie macht deutlich, wie trotz überlegter Planung und festgelegtem Grundthema individuelle, der Gruppensituation entsprechende und von der Gruppe mitgestaltete Spielformen realisiert werden. Bei der Beschreibung und Analyse der Rhythmiksequenz sind die Beobachtungen und Kommentare von Lehrkraft und Studierenden eingeflossen, in denen sich zahlreiche Lernerfahrungen widerspiegeln.

Situationsanalyse

Gruppenkonstellation:
Zwölf Studierende, 18 bis 25 Jahre alt; zehn Frauen, zwei Männer; erstes Studienjahr; fünfte bzw. sechste Rhythmikstunde

Vorkenntnisse in Rhythmik:
Kaum vorhanden; drei Teilnehmerinnen spielen ein Instrument

Unterrichtszeit:
Herbstsemester; pro Woche 1,5 Unterrichtsstunden

Tageszeit:
10.15–11.45 Uhr; die Rhythmikstunde liegt zwischen den Unterrichtsfächern Gesundheitserziehung und Pädagogik

Ort:
Rhythmikraum im Untergeschoss der Schule

Thema der Unterrichtseinheiten:
Erleben von Schwere / Kraft / Dynamik
Hinführung zur Gestaltung einer Tanzform (Indianertanz)

Aufbau und Lerninhalte

- Raumerfahrung
- Gruppenfahrung: in Kontakt kommen
- Körpererfahrung: Schwere spüren
- Partnerarbeit: Gewicht spüren
- Grundbewegungsarten: gehen, stampfen
- Erarbeitung von Liedtext und von Melodie

- Reflexion der eigenen Befindlichkeit; Wahrnehmungen bei anderen
- Auswertung der Inhalte: Gespräch über Rituale fremder Kulturen; Variationen, Ergänzungen, Veränderungen finden und ausprobieren

Stundenverlauf
(Inhalte und methodische Hinweise)

- Begrüßung: Anknüpfen an die letzte Stunde: Was blieb als Eindruck, was möchte ich nochmals ansprechen?
  Hinweis: Die Verarbeitung von Erinnerungsresten kann Basis für Neues sein.

- Freies Durcheinandergehen im Raum, verschiedene Raumwege; das eigene Tempo finden. (Raumerfahrung)
  Hinweis: Gezielte Tipps und Aufforderungen erleichtern das ungewohnte freie Bewegen im Raum, z. B. auf den Kontakt der Füße mit dem Boden achten, die Verschiedenheit von Bodenbelägen wahrnehmen, sich die eigene Haltung bewusst machen.

- Wechsel zwischen leichtem und schwerem Gehen, dabei verschiedene Tempi ausprobieren. (Körperwahrnehmung, Schwere spüren, Grundbewegungsarten)
  Hinweis: Auf den Zusammenhang von schwer und leicht, schnell und langsam hinweisen. Es gibt keine Norm (z. B. schnell = leicht, langsam = schwer), oft aber gibt es Muster.

- Stampfen: Freie Bewegung im Raum, mit jedem Signalton (z. B. vom Becken) wird die Gehbewegung schwerer; sie steigert sich bis zum (lauten) Stampfen; Begleitung und Unterstützung der Stampfbewegung mit den Congas, Tempowechsel, Wechsel der Dynamik.
  Hinweis: Fellinstrumente wie Congas, Bongos, Trommeln sind gute Begleiter von „schweren“ Bewegungen. Wichtig für den Anleiter: bei eigener Unsicherheit vor der Stunde die Klänge bzw. Instrumente ausprobieren.

- Alle stampfen durch den Raum, ohne Musik, variables Tempo, achten auf die Körperhaltung; zwischendurch stehen bleiben, Augen schließen, in sich hinein spüren, dem Stampfklang zuhören, wieder weitergehen. Wer sich nicht mehr bewegen möchte, bleibt stehen (open end). (Gruppenerfahrung)
  Hinweis: Ein offenes Spielende kann spannend und hilfreich sein. Jeder kann/muss sich selbst entscheiden. Es wird bewusst, wie groß die Beeinflussung durch andere ist. (Soziale Übung: warten können, bis alle fertig sind.)

- Alle stehen (sitzen) im Kreis, Augen schließen, der Schwere nachspüren. An wen kann ich mich – trotz der Konzentration auf die eigene Befindlichkeit – erinnern? Wer ist mir begegnet? Mit wem möchte ich gerne eine Partneraufgabe machen? Augen öffnen, durch Blickkontakt einen Partner suchen, gemeinsam einen Platz im Raum wählen, mit einer Matte kennzeichnen.
  Hinweis: Die Wahrnehmung der anderen erfolgt zumeist unbewusst, erst durch die konkrete Fragestellung wird sie bewusst.
  Da eine Aufgabe mit Körperkontakt folgt, sollte die Partnerwahl gezielt erfolgen. Vorüberlegungen für den Anleiter: Was tun, wenn jemand übrig bleibt, Außenseiter ist?

- Einer legt sich bequem auf die Matte, spürt die Schwere, den Bodenkontakt, bleibt passiv; der andere hebt vorsichtig Körperteile an (Arme, Beine, Kopf, Becken, Schultern, Finger ...), spürt das unterschiedliche Gewicht; Partnerwechsel (bestimmt vom aktiven Teilnehmer). (Partnerarbeit, Gewicht spüren)
  Hinweis: Behutsam sein, den Partner genau beobachten; Vorsicht beim Ablegen der Körperteile, nicht fallen lassen; verbale Rückmeldungen sind erlaubt; nur der Partner ist wichtig, nicht das, was die anderen im Raum machen.
  Vor allem bei Partnerübungen der „sensiblen Art“ sollte der Anleiter nicht aktiv mitmachen, sondern die Gruppe im Blick haben.

- Gespräch mit dem Partner über die Erfahrungen während der Übung: Was war „schwer", was war „leicht" – nicht nur körperlich, sondern auch empfindungsmäßig (z. B. loslassen, hingreifen, anfassen ...)?
  Hinweis: Die Möglichkeit zum Gespräch nach intensiven Körperkontaktübungen ist wichtig. Anfangs nicht zu viel Offenheit verlangen, auch sachliche Beobachtungen können hilfreich sein und Spannungen lösen.

- Langsam aufstehen, die Conga gibt das Metrum zum Durcheinanderbewegen; wenn der Klang verstummt, bilden alle rasch einen Kreis; mehrmals wiederholen;
- Guter, geerdeter Stand (Beine etwa in Schulterbreite, Füße parallel, Knie nicht durchgedrückt, sondern locker, Mitte spüren, Gefühl, „im eigenen Becken zu sitzen"); Gesicht zur Kreismitte, nicht zu großer Abstand zu den Nachbarn; rechten und linken Nachbarn durch Anstupsen aus dem Gleichgewicht bringen wollen; sich wieder einpendeln.
  Hinweis: Die Vorstellungen von richtigem Stehen sind sehr unterschiedlich; Unterschiede durch Ausprobieren verschiedenster Möglichkeiten deutlich machen.

Wohanaheda

Text und Melodie: mündlich überliefert

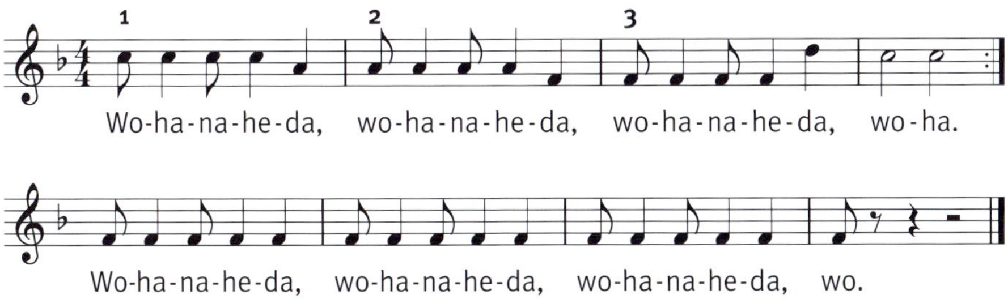

- gleichmäßiges Stampfen im Kreis
- das Stampfen mit der Stimme begleiten: Silben „wo“ (offener Vokal, wie in Ottfried) und „ha“
- bei „wo“ die Arme zur Mitte schleudern, bei „ha“ die Arme in die Höhe strecken und die Finger spreizen
- den Text „Wohanaheda“ (sprich: wocha-na-e-da) vorsprechen, nachsprechen, vorsingen, nachsingen, dabei das Stampfmetrum beibehalten
  (Körperinstrument Stampfen, Erarbeitung von Text und Melodie)
  Hinweis: Der Tanz muss sehr bewusst und „stark“ eingeführt werden; immer wieder auf Erdung und Ganzkörperbewegung hinweisen; hilft auch, das Zwerchfell zu aktivieren; kräftig singen; bei den „wo“- und „ha“-Rufen trotz der Lautstärke auf die Stimme achten, nicht übertreiben durch zu lautes und zu langes „Schreien“; nach einmaligem Vorsingen können die meisten Teilnehmer mitsingen.

- Den Tanz bzw. das Lied einige Male tanzen und singen, das Stampfmetrum dabei weiterführen, dabei kann Lautstärke und Tempo jedesmal verändert werden.
- Das Lied als Kanon singen. Die Kanoneinsätze sind bei jedem „Wohanaheda“ möglich. Eine 3-stimmige Version ist realistisch gut umsetzbar. Die „Wo-ha“-Rufe lösen sich spannend ab und das Geschehen ist von der Gruppe noch gut nachvollziehbar.

- Einzelne Teilnehmer können in der Mitte die gemeinsame Kraft der Gruppe auf sich wirken lassen.
  Hinweis: Auf die Stimme achten, das Lied verleitet zum Schreien; den ganzen Körper spüren und aus der Körpermitte heraus den Tönen ihren Impuls geben (Zwerchfell).

- Atempause; Hinsetzen oder Hinlegen; Durchatmen; dann Reflexion der Befindlichkeit, Besprechen von Variations- und Einsatzmöglichkeiten; Gespräch über die Hintergründe ritueller Tänze und Lieder; Achten fremder Kulturen. (Reflexion)

Weitere Variationsmöglichkeiten:
- in der Bewegung: z. B. die Kreisform verändern, vergrößern, verkleinern, hintereinander, zwei, drei Kreise, Bewegung zur Kreismitte und wieder zurück, Armbewegungen verändern, Tempo ändern …

- in der Musik: z. B. wechselnde Dynamik, forte, piano, einstimmig, im Kanon, mit Vorsänger; Begleitung mit passenden Instrumenten (Trommel, Congas, Schellen, Rasseln …). Bewusstmachen, welche Instrumente zur Eigenart dieses Tanzes nicht

„wo“

„ha“

passen (Klavier, Gitarre, Triangel ...). In die Gestaltung sehr einfache Materialien einbeziehen, z. B. Mittelpunkt (Kerze), Raum verdunkeln, Grasbüschel, Schellen an die Füße binden u.v.m.

- Eine besonders schöne Variante ergab sich, als eine Teilnehmerin vorschlug, den Tanz im Freien zu machen: Eine große Wiese mitten im Wald war Tanzplatz und Bühne. Echowirkung intensivierte den Gesang.

Trotz aller Variationen immer darauf achten, dass der Charakter des Tanzes nicht verändert wird, z. B. nicht veralbern, vor allem auch deshalb, weil der Ursprung im Dunkeln liegt. Der Indianertanz eignet sich – bei entsprechender Vorarbeit – für alle Zielgruppen und für viele Situationen (z. B. Anfangssituationen, Abschied, bei Festen, zum Luft ablassen, bei Freude ...).

3.2. Checkliste zur Planung und Vorbereitung von Rhythmikeinheiten

Persönliche Grundeinstellung

- zweckgebunden (z.B. für ein Fest) oder zweckfrei?
- eigenes Interesse (Notengebung, Ausprobieren ...)?

Reflexion der eigenen Fähigkeiten

- eine möglichst realistische Einschätzung des eigenen Könnens und Wollens versuchen

Situationsanalyse der Gruppe

- wie viele Teilnehmer/innen?
- Alter, Entwicklungsstand?
- Besonderheiten, z.B. Gruppenrollen, Männer / Frauen, Behinderungen, vertraute Gruppe, Zuschauer?

Raum / Zeit

- Lage und Besonderheiten des Raumes?
- Tageszeit, geplante Zeitdauer der Aktion
- Was war vorher? (z.B. Lernstunde, Essen, Sport, Prüfung ...)
- Was kommt nachher? (z.B. Prüfung, langer Schultag ...)

Themenwahl / Lerninhalte / Lernziele und Aufbau

- festsetzen (evtl. vorgegeben?)
- welche Lerninhalte, Lernziele?
- Einstieg, Einstimmung überlegen
- Aufbau durchdenken (Ausgleich von Aktion und Ruhephasen beachten), Möglichkeiten zu flexiblem Handeln und Reagieren ins Auge fassen / freihalten
- ggf. Ideen und Anregungen aus der Fachliteratur sammeln

Organisatorische Vorbereitung

- möglichst störungsfreie und ablenkungsarme (herumstehende Sachen) Situation schaffen
- Raum lüften, säubern, ggf. wärmen
- Materialien, Geräte, Instrumente, Licht ... bereitstellen (je nach Motivation offen, sichtbar verdeckt oder unsichtbar)

3.3. „Goldene Regeln“: Tipps zur Durchführung von Rhythmikeinheiten

Gruppe

Alle Gruppenmitglieder mit Achtung und Respekt behandeln!

- Reaktionen aus der Gruppe ernst nehmen, aufmerksam sein für Bedürfnisse und Befindlichkeiten.
- Über- oder Unterforderung einzelner Gruppenmitglieder wahrnehmen und entsprechend daruf reagieren.
- Auf gruppendynamische Entwicklungen achten (Gruppenphasen, Rollen ...), sie miteinbeziehen.

Ziele

Klarheit über die angestrebten Ziele haben!

- Ziele nicht aus den Augen verlieren, aber nicht unter allen Umständen erreichen müssen.
- Stärken und Fähigkeiten der Teilnehmer entwickeln helfen und Erfolgserlebnisse schaffen.
- Selbsteinschätzung der Teilnehmer verbessern.

Inhalte

Den situativ-ganzheitlichen Arbeitsansatz beachten!

- Körper, Geist und Gefühl gleichermaßen ansprechen.
- Bewertung, Konkurrenzdruck und Leistungsstress vermeiden.
- Prozessorientierung ist wichtiger als ein vorgeplantes Produkt.

Flexibilität

Flexibles Handeln zulassen und fördern!

- Gut vorbereitet sein, aber nicht am Konzept kleben.
- Gelegenheit und Zeit zum Experimentieren und Ausprobieren geben, nicht zu viel (an Ideen, Material, Instrumenten etc.) anbieten, verweilen können.
- Anregungen, Ideen und Wünsche der Gruppenmitglieder miteinbeziehen.
- Neue Spielformen und Bewegungsvielfalt anregen, aber nichts vormachen oder „aufdrücken".

Methoden

Methodische Hinweise und Hintergründe beachten!

- Klare Anleitungen geben, aber nicht zu viel verbalisieren.
- Überblick wahren, aktiv nur mitmachen, wenn die Situation es zulässt.
- Gelegenheit zum Reflektieren geben, aber nicht bis ins Kleinste zerlegen; (eigene) Interpretationen vermeiden.

Anleiterpersönlichkeit

Als Anleiter echt und authentisch sein!

- Selbst Spaß und Freude am rhythmisch-kreativen Tun haben, emotional, geistig und körperlich beteiligt sein.
- Nichts verlangen, was man selbst nicht mag oder kann.
- Überlegen, wann selbst mitmachen bzw. wann von außen beobachten sinnvoll ist.

Grundlagen

Den „rhythmischen Ausgleich“ schaffen!

- Qualität ist wichtiger als Quantität, weniger ist oft mehr.
- Überbetonung einzelner Bereiche vermeiden.
- Der rhythmische Ausgleich ist ein Sich-Bewegen zwischen Polaritäten (z. B. Ruhe und Bewegung, Spannung und Entspannung, Ich und Wir ...)

Situationsanalyse: Anleiterin fix und fertig, am Boden; Gruppe gemeinsam glücklich

Kapitel 4

Rhythmik im Alltag

4.1. Rhythmik bei Stress

Rhythmik kann helfen aus Stresssituationen leichter einen Weg herauszufinden. Sie lenkt die Wahrnehmung auf die eigene Befindlichkeit, spürt hinein, wo der Stress „sitzt“ und kann mit gezielten Übungen umlenken und lösen. Dabei kann sie z. B. die Wahrnehmung auf unbelastete Bereiche richten oder extrem in die Spannung hineingehen, um sie dann besser lösen zu können oder extreme Anspannung mit Loslassen verbinden und damit festgefahrene Stresssymptome im Körper spürbar machen und lösen helfen, bis hin zum Phantasiespiel, das neue Möglichkeiten eröffnet. Den Stress beispielsweise im Trommelspiel hörbar zu machen ist eine nicht mehr neue, aber immer effektive Möglichkeit zum Stressabbau.
Dabei will die Rhythmik nicht manipulieren, sondern möchte die Sinne schärfen für die momentane Verfassung und vielfältige Perspektiven eröffnen für die eigenen Chancen damit umzugehen. Körperbildungsübungen bieten zahlreiche Möglichkeiten zum Stressabbau.

Hilfreiche Spiele gibt es auch in der **Gruppe.** Besonders geeignete Materialien zum Stressabbau hierbei sind z. B. Schwungtuch, Luftballons, Stäbe, Trommeln.

Beispiel „Schwungtuch“:
Um die anderen und die eigene Person zu spüren, braucht man eine „gute Spannung“, dies ist für viele Situationen gültig. Ständige Anspannung führt zu Stresssymptomen. Am Material Schwungtuch z. B. kann man die körperliche Anspannung gut nachvollziehen:

- Alle stehen in einem engen Kreis und halten das Schwungtuch leicht mit zwei Fingern. Ganz langsam und allmählich wird das Tuch gespannt (der Kreis wird vergrößert), bis die höchstmögliche Spannung erreicht ist.
- Die Spannung aushalten, so lange man kann, dann langsam wieder lockern; mehrmals anspannen und lösen.
- Variationen: Augen dabei schließen, jeder hält die Spannung, so lange er möchte und lässt dann unabhängig von den anderen langsam locker.
- Partneraufgabe mit Seilen oder Schnüren: Wie stark kann die Spannung sein, ohne dass die Schnur reißt bzw. bis sie reißt?

Überlegungen:
- Welche Körperteile spüre ich besonders? Wo sitzen Spannungen im Körper?
- Was nehme ich außer meiner eigenen Spannung noch wahr? Was fällt mir an der Mimik (meiner eigenen und der anderer) auf?
- Was entspricht mir in der momentanen Situation mehr: anspannen oder locker lassen?

Dazu s. auch Kapitel 2.1. Raum und Zeit, Den Raum wahrnehmen S. 32, Individuelle Zeiteinschätzung S. 40, Zeitlupe und Zeitraffer S. 41; Kapitel 2.2. Materialien, Schwungtuch S. 61; Kapitel 2.4. Körper und Sinne, Sehen, Variation Kaleidoskop S. 86, Gleichgewicht, Balance S. 94; Kapitel 2.5. Stimme und Ausdruck, Spiel mit Ja und Nein S. 99, Marionetten S. 104–106, Roboter und Schlenkeraffe S. 106; Kapitel 2.6. Mein Gegenüber und die Gruppe, Schneckenhaus S. 111; Kapitel 2.7. Natur, Luft S. 123–126.

4.2. Rhythmik zum Wohlfühlen und Entspannen

Um in Entspannung eintauchen zu können oder sie zu erhalten, ist das richtige Umfeld von großer Bedeutung. Die Menschen um sich herum, die Umgebung, Temperatur, Platz, Farben, Geräusche etc. können den Menschen maßgeblich in seiner Stimmung beeinflussen. Seine eigene Wahrnehmung hierfür zu schärfen, Wünsche und Grenzen zu erkennen und dementsprechend reagieren zu können, ist ein nicht zu unterschätzender Aspekt, den die Rhythmik im Blick hat.
Eigene Vorlieben (z.B. die Stimme des Menschen, der eine Entspannungsübung anleitet oder der die Entspannungs-CD moderiert), bewährte Mechanismen können verstärkt, neue Möglichkeiten entdeckt werden. Die Wahrnehmung spielt hierbei eine zentrale Rolle.
Körperbildungsübungen können helfen Spannungen zu lösen und zur Ruhe zu kommen.

Für **Gruppen** eignen sich besonders Übungsformen wie Massageformen (z. B. Wettermassage), Körperbildung, Anspannen – Lösen.
Besonders geeignete Materialien sind z.B. (heiße) Steine, duftende Öle, Blüten, Sandsäckchen, Kissen, Decken.

Beispiel „Wettermassage“

- Partneraufgabe: Einen Partner suchen, gemeinsam einen guten Platz auswählen, eine Matte auflegen.
- Einer von beiden begibt sich in eine passive Stellung, in der er sich wohl fühlt. Auch der Aktive beachtet, dass er nicht angespannt ist.
- Absprache treffen, welche Körperteile nicht massiert werden sollen.
- Die folgende Anleitung bezieht sich auf Nacken und Rücken.
- In kurzen Sätzen wird eine Wettersituation beschrieben und in massageähnliche Bewegungen übertragen.

Die Sonne wärmt verschiedene Körperstellen.	*Die Hände liegen ruhig auf dem Rücken des Partners, bis die Stelle warm wird, dann andere Stellen wärmen.*
Ein leichtes Lüftchen kommt auf.	*Die Hände streichen leicht über den Rücken.*
Wind von leicht bis stark erhebt sich.	*Schneller, intensiver streichen.*
Kurze Stille vor dem Sturm.	*Die Hände kurz wegnehmen.*
Die ersten Tropfen fallen.	*Einzelne Finger betupfen den Rücken an verschiedenen Stellen.*
Der Regen wird stärker, die Tropfen werden größer.	*Die Finger (Fingerspitzen, Fingerkuppen) spielen lassen.*
Sehr starker Regen setzt ein.	*Leichtes Trommeln mit den Händen.*
Gewitter mit grollendem Donner	*Leichtes Trommeln mit den Fäusten.*
Blitz	*Über den Rücken streifen.*
Hagel	*Mit den Fingerknöcheln klopfen.*
Das Gewitter verzieht sich.	*Nur noch vereinzelt mit den Knöcheln und der Faust klopfen.*
Der Regen hört allmählich auf.	*Weniger und leichter trommeln.*
Die Sonne kommt.	*Die Hände auf verschiedene Stellen den Rückens legen.*

Zu beachten:

- Nicht direkt auf der Wirbelsäule klopfen, Vorsicht auch im Bereich der Nieren, die Befindlichkeit des Partners immer beobachten.
- Die Themen sollen angenehme Assoziationen herstellen, nicht aufregen oder belasten. Die Stimme soll deutlich sein, nicht permanent reden. Sprachlich nicht zu sehr ausschmücken, der Schwerpunkt ist nicht die Geschichte.
- Schwierig ist die Einschätzung der Zeit. Die Dauer ist abhängig von vielen Faktoren, wie z. B. Befindlichkeit, räumliche Voraussetzungen, Gruppe etc.
- Massageähnliche Formen nicht mit einer Profi-Massage gleichsetzen, diese bleibt den Fachleuten überlassen.
- Eine Reflexion nicht unbedingt mit der Gruppe, aber mit dem Partner durchführen.

Dazu s. auch Kapitel 2.1. Raum und Zeit, Den Raum kennen lernen S. 31, Individuelle Zeiteinschätzung S. 40, Zeiteinteilung und Phrasierung S. 41; Kapitel 2.4. Körper und Sinne, Körperkontakt, Körperwahrnehmung S. 75, Körpermalen S. 77, Sehen, Variation Kaleidoskop S. 86; Kapitel 2.5. Stimme und Ausdruck, Lied Kule Kilimani S. 101; Kapitel 2.7. Natur, Seifenblasen S. 125.

4.3. Rhythmik zum Wachwerden, Dynamisieren und in Schwung kommen

Sich die eigene Befindlichkeit bewusst zu machen und auch körperlich wahrzunehmen, kann ein erster Schritt zum Aufwachen sein. Durch das Spiel mit den Gegensätzen wird oft das Unbehagen mit der vorhandenen Stimmung bzw. die Lust auf Veränderung deutlich.

In der **Gruppe** eignen sich Spiele mit Gegensätzen und Stimmungen z. B. mit folgenden Materialien: Instrumente, Bälle.

Wie sitzt mein Körper?

Liegendes Tor, Torhüter hält?

Beispiel „Stehen, liegen, sitzen":

- Wahrnehmen der eigenen Stimmung und Befindlichkeit, eine Haltung einnehmen, die dieser Befindlichkeit entspricht.
- Die Haltung mit jedem Signalton verstärken, überzeichnen, allmählich zum Extrem gehen, dann wieder zum Gegenteil hin verändern.
- Zum Bewegen kommen, durch den Raum gehen, mit den vorher geprobten Gegensätzen spielen, z. B. müde – wach, heiter – dumpf, aufmerksam – abwesend ...
- Übertragen der Stimmungen auf Instrumente (Bewegungsbegleitung).

Dazu s. auch Kapitel 2.1. Raum und Zeit, Den Raum kennen lernen S. 31, Zeitlupe und Zeitraffer S. 41; Kapitel 2.2. Materialien, Ball S. 46; Kapitel 2.4. Körper und Sinne, Füße S. 76–79, Sehen S. 84, Tasten, Spüren, Fühlen S. 91; Kapitel 2.5. Stimme und Ausdruck, Marionetten S. 104–106; Kapitel 2.6. Mein Gegenüber und die Gruppe, Begrüßungslied S. 118; Kapitel 2.7. Natur, Luft S. 123–126.

4.4. Rhythmik bei Langeweile

Es gibt kein Rezept gegen Langeweile, auch nicht in der Rhythmik. Die Fähigkeit, zu beobachten, situativ Impulse aufzunehmen und ins Rhythmisch-Kreative umzusetzen kann trainiert werden. Jede Situation bietet Ansatzpunkte zum spielerischen Verwerten von Sinneseindrücken. Sie müssen nur entdeckt werden. Sogar die Diskussion über Langeweile kann diese vertreiben. Allerdings sollte man Langeweile nicht mit Ruhebedürfnis oder Entspannungsphasen verwechseln. Hier gilt es, sensibel zu differenzieren.

Mit einer **Gruppe** kann man z. B. verschiedene Klänge ausprobieren (Raum-, Küchen-, Gartenklänge), Beobachtungsspiele durchführen, Formen suchen. Besonders geeignete Materialien könnten „ungewöhnliche“ Materialien sein, die neugierig machen.

Beispiele:

- Der Umriss eines Gegenstandes im Raum wird skizziert, gesucht und dann mit der Zeichnung verglichen.

- Variationen: Farben beschreiben, malen, suchen, vergleichen, sammeln, kombinieren, ausprobieren.
- Dasselbe mit Gegenständen, Klängen oder Bewegungen ausprobieren.
- Spielformen im Freien: Wo steht dieser Baum? Welche Geschichte könnte er erzählen? Welche Stimme, welchen Klang könnte er haben?

Dazu s. auch Kapitel 2.1. Raum und Zeit, Den Raum wahrnehmen, Raumwege und Richtungen, Möbel und Gegenstände im Raum S. 32–36, Individuelle Zeiteinschätzung S. 40, Zeiteinteilung und Phrasierung S. 41; Kapitel 2.2. Materialien, Kreisel S. 56–59; Kapitel 2.3. Instrumente und Körperinstrumente, Küchen- und Alltagsinstrumente S. 71–73, Körperinstrumente S. 73–74; Kapitel 2.4. Körper und Sinne, Körperkontakt, Körperwahrnehmung, Füße S. 76–79, Tasten, Spüren, Fühlen S. 91, Riechen S. 98; Kapitel 2.6. Mein Gegenüber und die Gruppe, Führen und Folgen S. 110.

4.5. Rhythmik beim Warten

Sich die Zeit zu verkürzen oder zu verschönern ist oft ein Bedürfnis, das beim Warten aufkommt. Die Rhythmik weckt Kreativität und schärft die Sinne um Neues zu entdecken. Um Wartesituationen spannend und interessant werden zu lassen, muss man einfach hinsehen, horchen, riechen, spüren ...

In **Gruppen** eignen sich z. B. Sinnesspiele, Liederketten, Wortketten, Haltungsveränderungen (bewegen – erstarren).

Beispiel „Sinnesspiele“:

- Ich sehe (höre, rieche, fühle, spüre) etwas, was du noch nicht siehst ...
- Was ich gerade sehe, klingt so ...

Variationen:

- Lieder-, Wort-, Reimketten bilden.
- Auf ein Signal wird die Haltung leicht verändert, der neuen Stellung wird nachgespürt.
- Nur ein Teilnehmer verändert die Haltung, die anderen schließen währenddessen die Augen. Danach die Veränderungen wahrnehmen und benennen.

- Signale zum Bewegen und Erstarren.
- In die Stille, die Hektik, den Lärm horchen. Differenzieren von Schallquellen.
- Begriffe, die mit Warten zu tun haben, finden, hinterfragen, überdenken, verändern ...

Dazu s. auch Kapitel 2.1. Raum und Zeit, Den Raum wahrnehmen S. 32, Raumebenen S. 33, Raumwege und Richtungen S. 33, Individuelle Zeiteinschätzung, Phrasierung, Zeitlupe und Zeitraffer S. 41–45; Kapitel 2.3. Instrumente und Körperinstrumente, Küchen- und Alltagsinstrumente S. 71–73, Körperinstrumente S. 73–74; Kapitel 2.4. Körper und Sinne, Körperkontakt, Körperwahrnehmung S. 75, Füße S. 76–79, Sehen S. 84, Hören S. 89, Tasten, Spüren, Fühlen, S. 91, Gleichgewicht, Balance S. 94; Kapitel 2.6. Mein Gegenüber und die Gruppe S. 109; Kapitel 2.7. Natur S. 122.

4.6. Rhythmik in der Kennenlernphase

Es gibt unzählige Situationen, in denen ich jemanden oder etwas mir bisher Unbekanntes kennen lernen möchte oder soll:

- Kennenlernen neuer Menschen: Kennenlernspiele mit Bällen, Schnüren, Murmeln ...
- Eingewöhnen, anwärmen, vertraut werden, sicher werden: Raumerfahrungsaufgaben, Raumorientierung.
- Kennenlernen neuer Instrumente: Improvisieren, Klänge raten, Klangfarben in Bilder oder Bewegung umsetzen.
- Kennenlernen neuer Materialien: „Ein Paket auspacken“, Gegenstände verstecken, befühlen, erraten, in verschiedenen Zusammenhängen ausprobieren.

In **Gruppen** kann man die Situation des Auspackens z. B. auch inszenieren, um Neugier auf Neues zu schüren.

Beispiel „Ein Paket auspacken“:
Ein stabiles Paket mit Rhythmikmaterial ist angekommen.

- Das Paket steht in der Mitte, deutlich sichtbar oder mit einem großen Tuch bedeckt.
- Alle bewegen sich durcheinander im Raum zur Musik.

- Das Paket wird in die Bewegung miteinbezogen: Schieben, tragen, darübersteigen, sich darauf setzen.
- Die Bewegung wird dabei nicht unterbrochen.
- Zum Musikende stehen alle im Kreis um das Paket. Was könnte drinnen sein?
- Auf ein Signal beginnen alle gleichzeitig, das Paket zu öffnen.
- Wenn der Karton weiter verwendet werden soll, vorsichtig damit umgehen.
- Gleichzeitiges Hineingreifen ins offene Paket, vielleicht sogar mit geschlossenen Augen. Betasten, Befühlen des Inhaltes.
- Ausräumen, auflegen, ansehen, befühlen, weitergeben.
- Jeder (zu zweit, zu dritt) sucht sich einen Teil des Inhalts aus. Freies Ausprobieren, Spielen.
- Spielformen finden, die den anderen gezeigt werden.
- Tauschen der Gegenstände.
- Mit allen Sachen ein Bild legen.

Variationen:
- Sich einzelne Materialien oder Geräte als Schwerpunkt auswählen.
- Kunstwerke bauen.
- Geräte und Materialien nach verschiedenen Kriterien werten oder reihen.
- Klangmöglichkeiten ausprobieren.

Dazu s. auch Kapitel 2.1. Raum und Zeit, Möbel und Gegenstände im Raum S. 34, Zeitlupe und Zeitraffer S. 41; Kapitel 2.2. Materialien, Japanischer Papierball S. 51, Schwungtuch S. 61; Kapitel 2.3. Instrumente und Körperinstrumente, Reise nach Jerusalem S. 69; Kapitel 2.4. Körper und Sinne, Körperkontakt, Körperwahrnehmung S. 75, Sehen S. 84, Hören S. 89, Tasten, Spüren Fühlen S. 91; Kapitel 2.5. Stimme und Ausdruck, Spiel mit Ja und Nein S. 99; Kapitel 2.6. Mein Gegenüber und die Gruppe, Schattenspiele S. 112, Begrüßungslied S. 118.

4.7. Rhythmik zur Förderung der Konzentration

Die Rhythmik ist als Wahrnehmungsschulung sehr geeignet, um auch in Konzentration zu kommen, sie eine Zeit zu erhalten oder sie zu verlängern.

In **Gruppen** bieten sich folgende Konzentrationsspiele an: Seile legen und nachlegen, „Blindes" Spiel, vergleichen, reihen und zuordnen von Materialien.

Beispiel „Seilbilder":

- Kennenlernen des Materials ,,Seil", darauf balancieren, sich mit den Seilen oder um Seile bewegen.
- Einen Partner auswählen, jeder hat ein Seil gleicher Art.
- Einer legt langsam eine gegenständliche oder abstrakte Seilfigur, der andere beobachtet und legt dann das Bild nach.
- Wechsel der Rollen.

Variationen:

- Das vorgeformte Bild betrachten, sich umdrehen und es aus dem Gedächtnis nachlegen.
- Das Seilbild wird blind ertastet und mit offenen Augen an einer anderen Stelle des Raumes nachgelegt.
- Das Seil wird blind ertastet und blind nachgeformt.
- Beide Parter schließen die Augen.
- Das erste Seilbild wird mit dem zweiten ergänzt (Formgestaltung).
- Evtl. Partnerwechsel einbauen.
- Gruppenarbeit: Einer legt ein Seilbild in der Mitte des Kreises, die anderen betrachten es, drehen sich um und legen das Bild nach.
- Einzelarbeit: Versuchen, zunächst mit offenen, dann mit geschlossenen Augen um sich einen Kreis, ein Quadrat, ein Dreieck zu legen.
- Statt Seilen auch Bleischnüre, Bänder, Fäden, Pfeifenreiniger verwenden.

Geklopfter Rhythmus wird spürbar und konzentriert weitergegeben

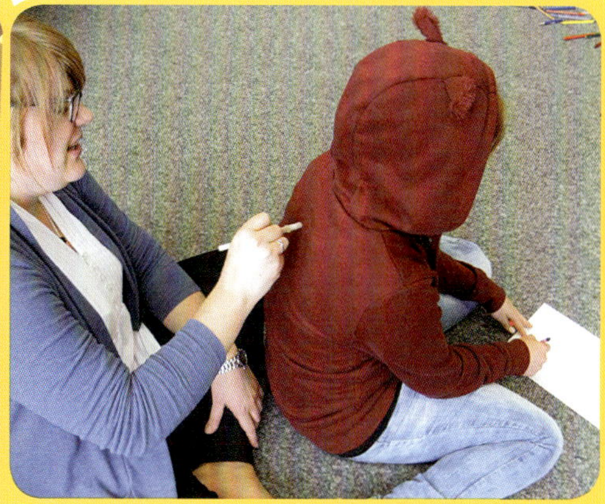

Rückenmalen und übertragen auf Papier

Hinweis:
Mit einfachen Formen beginnen und dann langsam steigern. Oft werden zu rasch schwierige Figuren gewählt. Blindes Legen erfordert große Konzentration. Die Zeit gut einschätzen, nicht zu lange arbeiten, Ausgleich durch Bewegungsphasen schaffen. Möglichst wenig sprechen, das ist ebenfalls sehr schwierig. Nicht von außen korrigieren, sondern vergleichen und Unterschiede selbst feststellen lassen.

Dazu s. auch Kapitel 2.1. Raum und Zeit, Den Raum wahrnehmen S. 32, Raumebenen S. 33, Raumwege und Richtungen S. 33, Individuelle Zeiteinschätzung S. 40; Kapitel 2.2. Materialien, Ball, Reaktion S. 46, Kreisel S. 56; Kapitel 2.3. Instrumente und Körperinstrumente, „Punkte" und „Striche" spielen, Partitur S. 67; Kapitel 2.4. Körper und Sinne, Sehen S. 84, Hören S. 89, Tasten, Spüren, Fühlen S. 91, Gleichgewicht, Balance S. 94; Kapitel 2.6. Mein Gegenüber und die Gruppe, Führen und Folgen S. 110, Spiegelspiele S. 113.

Und zu guter Letzt: Rhythmik zum Genießen, mit allen Sinnen ...

Zum Schluss

Sie haben sich mit dem rhythmisch-kreativen Ansatz beschäftigt und nehmen vielleicht ein Stück davon mit in Ihr Leben und in Ihre Arbeit.
Gehen Sie mit wachen Sinnen durchs Leben, seien Sie achtsam mit sich selbst und anderen. Vielleicht begegnen wir uns ja einmal ...
Am Ende jetzt ein Durchatmen, ein aufmerksames Aufblicken aus der letzten Buchseite, ein räkelndes Nach-Spüren und vielleicht ein kleines Lächeln für den Menschen neben Ihnen, wenn Sie möchten?
Haben Sie Dank, dass Sie gelesen und darüber nachgedacht haben, was wir Ihnen mitgeben wollen!

Mein besonderer Dank geht an dieser Stelle an:
Helga, meine Mutter, die dieses Buch damals zum Leben erweckt hat, kurz bevor sie gestorben ist.
Herbert, ihren Mann, meinen Vater, der loslassen konnte und einer Neugestaltung mit Neugier und Freude zustimmte.
meine Familie Annika, Jori und Richy, die mein „Ich geh schreiben“ unterstützt und auch schon mal einfach ertragen haben.
meine Schülerinnen und Schüler, die beinahe jeden Versuch „mitgespielt“ haben.
die begeisterten Fotomodelle Alex, Annika, Bettina, Christiana, Irmgard, Jannick, Jasmin, Jenny, Lara, Manuela, Maria, Nicole, Peggy, Samira, Sophie und Tara.
die Fotografen und unsichtbaren Helfer
und an Sie, liebe Leser und Leserinnen, die offen sind für Neues und somit die Welt lebendig halten.

Anhang

Musik

Afrikanisches Schlaflied *Kule kilimani:* S. 101
Begrüßungslied: S. 118
Schlusslied: S. 119
Indianertanz *Wohanaheda:* S. 133

Literatur zu „Entdeckungsreise Rhythmik“

„Weißt du, dass die Bäume reden? Weisheit der Indianer“, Wien 1993
Becker-Textor, Ingeborg: Kreativität im Kindergarten, Freiburg 1997
Berendt, Joachim-Ernst: Ich höre – also bin ich, München ^{2}1992
Bünner, Gertrud / Röthig, Peter (Hrsg.): Grundlagen und Methoden rhythmischer Erziehung, Stuttgart ^{3}1979
Danuser-Zogg, Elisabeth: Die Welt be-greifen, Bewegungsarbeit und Rhythmik mit geistig behinderten Kindern, Sankt Augustin ^{2}2002
Delakova, Katya: Beweglichkeit, München 1984
Edleditsch, Helga: Entdeckungsreise Rhythmik, München 1998
Feudel, Elfriede: Durchbruch zum Rhythmischen in der Erziehung, Stuttgart ^{2}1965
Feudel, Elfriede: Dynamische Pädagogik. Eine elementare Anleitung für rhythmische Erziehung in der Schule, Wolfenbüttel 1980
Kreusch-Jacob, Dotheé: Musikerziehung, München 1995
Löscher, Wolfgang: Der Wind, das himmlische Kind, München ^{2}1989
Löscher, Wolfgang: HÖR-Spiele, München ^{6}1997
Metzenthin, Rosmarie: Schöpferisch spielen und bewegen, Zürich ^{2}1988
Neikes, Johannes L.: Scheiblauer-Rhythmik, Sankt Augustin ^{4}1993
Peter-Führe, Susanne: Rhythmik für alle Sinne, Freiburg ^{5}1999
Petzold, Hilarion: Psychotherapie und Körperdynamik, Paderborn ^{2}1977
Rahm, Dorothea: Gestaltberatung, Paderborn ^{10}2011
Reichel, Gusti / Rabenstein, Reinhold / Thannhofer, Michael: Bewegung für die Gruppe, hrsg. von der Arbeitsgemeinschaft für Gruppenberatung, Münster ^{8}1992
Ring, Reinhard: Rhythmik, die musikalische Bewegung, Solingen 1990
Schildknecht, Beth in Gohl, Willi / Hux, Angelus / Juon, Andreas / Messmer, Fredy / Muhmenthaler, Toni / Wiesli, Walter / Willisegger, Hansruedi: Musik auf der Oberstufe, Thurgau und Zürich 1988
Seitz, Rudolf: SEH-Spiele, München ^{6}1995
Seitz, Rudolf: TAST-Spiele, München ^{8}1997

Siegenthaler, Hermann / Zihlmann, Hans: Rhythmische Erziehung, Hitzkirch [3]1982
Stevens, John O: Die Kunst der Wahrnehmung, Gütersloh [13]1993
Vogel-Steinmann, Brigitte: Was ist Rhythmik?, Regensburg 1979
Walter, Gisela: Die Elemente im Kindergartenalltag (mehrteiliges Werk: Feuer, Wasser, Luft, Erde), Freiburg, überarb. Neuausgabe 2011
Wißkirchen, Hubert: Die Wiederentdeckung des schöpferischen Lernens, München 1986
Witoszynskyj, Eleonore / Schindler, Gertrude / Schneider, Margit: Erziehung durch Musik und Bewegung, Wien 1992
Zuckrigl, Hildegard und Alfred / Helbling, Hans: Rhythmik hilft behinderten Kindern, München [4]1999

Weitere Literatur

Bankl, Irmgard / Mayr, Monika / Witoszynskyj, Eleonore: Lebendiges Lernen durch Musik, Bewegung, Sprache, Wien 2009
Danuser-Zogg Elisabeth: Musik und Bewegung. Struktur und Dynamik der Unterrichtsgestaltung, Sankt Augustin 2002
Fiedler, Herbert: Ich höre was, was du nicht siehst. Musik hören, spüren und erleben, Freiburg i. Br. 2007
Flödl, Wolfgang: Praxisbuch Rhythmik im Elementarbereich, Braunschweig 2006
Girod-Perrot, Ruth: Bewegungsimprovisation, Sankt Augustin 2012
Herdtweck, Waltraud, Die Rhythmikwerkstatt, Don Bosco [3]2008
Hirler, Sabine: Wahrnehmungsförderung durch Rhythmik und Musik, Freiburg i. Br. 2003
Hirler, Sabine: Handbuch Rhythmik und Musik, Freiburg i. Br. 2014
Klicpera, Ruth: Rhythmik im Mathematikunterricht, Wien 2006
Klicpera, Ruth: Rhythmik, ein fächerübergreifendes Prinzip, Wien 2005
Klöppel, Renate / Vliex, Sabine: Helfen durch Rhythmik. Verhaltensauffällige Kinder erkennen, verstehen, richtig behandeln, Kassel [3]2012
Pelz, Elisabeth / Haase, Frauke: Kinder bewegen – den Geist beflügeln. Rhythmik in Grund- und Förderschule, Braunschweig 2008
Peter-Führe Susanne, Rhythmik für alle Sinne, Toncassette, Freiburg i. Br. 1996
Steffen-Wittek, Marianne: Monsterband & Co. Populäre Musik, Rhythmus und Percussion mit Kindern von 4 bis 10 Jahren. 35 Lieder mit Unterrichtsanregungen, Essen 2002
Steffen-Wittek, Marianne: Rhythmik. In: Helms, Siegmund (Hrsg.): Praxisfelder der Musikpädagogik, Kassel 2001
Steinmann, Brigitte / Pollicino, Karin: Musikhören mit dem Körper. Rhythmik in der Entwicklungsförderung von Kindern und Jugendlichen mit Hörbeeinträchtigungen, Wiesbaden 2009
Stummer, Birgitta: Rhythmisch-musikalische Erziehung. Bewegung erklingt – Musik bewegt, Wien [3]2014

Terhag, Jürgen: Warmups. Musikalische Übungen für Kinder, Jugendliche und Erwachsene, Mainz 2009

Thern-Maier, Dorothee: Rhythmics is it! Rhythmik als unterstützende Methode in der Theaterpädagogik. Wissenschaftliche Arbeit im Rahmen der berufsbegleitenden Ausbildung zur Theaterpädagogin BUT an der Theaterwerkstatt Heidelberg 2006

VdM (Hrsg.): Spektrum Rhythmik: Musik und Bewegung / Tanz in der Praxis, Bonn 2013

Vogel, Corinna (Hrsg.): Alles ist Musik! Kinder experimentieren mit Rhythmus und Klang, Mülheim/Ruhr 2007

Zaiser, Dierk: Rhythmus und Performance. Kulturprojekte als Chance für sozial benachteiligte und straffällige Jugendliche, München 2011

Zimmer, Renate: Handbuch der Sinneswahrnehmung. Grundlagen einer ganzheitlichen Bildung und Erziehung, Freiburg i. Br., überarb. Neuausgabe 2012

Zwiener, Daniel: Als Bewegung sichtbare Musik. Zur Entwicklung und Ästhetik der Methode Jaques-Dalcroze in Deutschland als musikpädagogische Konzeption, Essen 2008

Fort- und Weiterbildungseinrichtungen

Akademie Remscheid / Bundesverband Rhythmische Erziehung
Küppelstein 34
D-42857 Remscheid
Telefon (0 21 91) 794-0
Fax (0 21 91) 794-205
www.akademieremscheid.de

Bildungswerk Rhythmik e.V.
Neustraße 119
48629 Metelen
Telefon/Fax (0 25 56) 72 00
Berufsbegleitende Zusatzausbildung „*Qualifikation für Rhythmische Erziehung*“

Institut Rhythmikon (Gesellschaft Rhythmische Erziehung e.V. München)
Heßstraße 45, 80798 München (Kursort)
Postanschrift: Pickelstraße 13, 80637 München
Telefon (0 89) 52 31 42 10
Fax (0 89) 52 31 42 11
www.rhythmikon.de

Weitere Informationen

Überregional:
Netzwerk Rhythmik: www.rhythmik-netzwerk.de
Schweizer Rhythmikverband: www.rhythmik.ch
Österreichischer Rhythmikverband: www.rhythmik.at
Internationaler Verband der Rhythmiklehrenden F.I.E.R.: www.fier.com
Arbeitskreis Elementare Musikpädagogik: www.a-emp.de

Landesverbände:
Rhythmikverband Baden-Württemberg: www.rhythmikverband-bw.de
Rhythmikverband Hamburg: www.rhythmik-hh.de
Rhythmikverband Schleswig-Holstein: www.rhythmik-sh.de
Landesverband Rhythmische Erziehung Niedersachsen/Bremen e.V.: www.rhythmik-netzwerk.de

Weitere Links:
Mehr Informationen zum Studium: www.berufenet.de, Stichwort Rhythmik
Institut Jaques-Dalcroze, Genf: www.dalcroze.ch
Orff-Institut der Universität Mozarteum Salzburg: www.moz.ac.at
Institut Rhythmik Hellerau e.V.: www.rhythmikwerkstatt-hellerau.de
Rhythmiktheater Dierk Zaiser: www.rhythmiktheater.de
Beat Stomper: www.beatstomper.de
Stimme und Bewegung: www.stimme-bewegung.de
Bundesvereinigung Kulturelle Kinder- und Jugendbildung e.V.: www.bkj.de
Netzwerk Forschung Kulturelle Bildung: www.forschung-kulturelle-bildung.de
Ausschuss EMP/RHY im Bayerischen Tonkünstlerverband: www.dtkvbayern.de
Deutsches Musikinformationszentrum: http://miz.org
Musikpädagogik-online: musikpaedagogik-online.de, Stichwort Rhythmik

Stichwortverzeichnis

Ganzheitliches Lernen

184 Seiten, kartoniert,
farbige Illustrationen
ISBN 978-3-7698-1666-2

192 Seiten, kartoniert,
farbige Illustrationen
ISBN 978-3-7698-1915-1

200 Seiten, kartoniert
ISBN 978-3-7698-1446-0

216 Seiten, kartoniert, farbige Illustrationen,
inkl. Downloadcode für ganzheitl. Projektideen
ISBN 978-3-7698-2024-9

Don Bosco – Kompetenz für Kita und Schule

96 Seiten, Spiralbindung, farbige Illustrationen, inkl. Download-code für Bastelvorlagen
ISBN 978-3-7698-2087-4

96 Seiten, kartoniert, S/W-Illustrationen
ISBN 978-3-7698-2093-5

112 Seiten, kartoniert, S/W-Illustrationen, Notensatz, inkl. Musik-CD
ISBN 978-3-7698-1954-0

120 Seiten, kartoniert, farbige Illustrationen
ISBN 978-3-7698-1968-7

136 Seiten, Spiralbindung, Farbfotos
ISBN 978-3-7698-2010-2

80 Seiten, kartoniert, farbige Illustrationen
ISBN 978-3-7698-2051-5

www.donbosco-medien.de

DON BOSCO

LEBENDIG. KREATIV. PRAXISNAH.